사랑은 멈추지 않는다

죽음도 막지 못하는
희망의 샘물 이야기

샘물호스피스에서 많은 사람의 임종을 지켜보며 나는 죽음을 준비한 사람이 삶을 더욱 외미 있고 아름답게 살아간다는 것을 발견하였다. 원주희 그 가족 자원봉사자들이 보여준 삶은 죽음도 막지 못하는 사랑이 있음을 가슴 깊이 깨닫게 해주었다.

원주희 지음

생명의말씀사

사랑은 멈추지 않는다

ⓒ 생명의말씀사 2012

2012년 12월 25일 1판 1쇄 발행
2022년 12월 7일   6쇄 발행

펴낸이 | 김창영
펴낸곳 | 생명의말씀사

등록 | 1962. 1. 10. No.300-1962-1
주소 | 서울시 종로구 경희궁1길 6(03176)
전화 | 02)738-6555(본사) · 02)3159-7979(영업)
팩스 | 02)739-3824(본사) · 080-022-8585(영업)

지은이 | 원주희

기획편집 | 신현정
기획구성 | 박재역
디자인 | 조현진
인쇄 | 영진문원
제본 | 보경문화사

ISBN 978-89-04-16411-0 (03230)

저작권자의 허락없이 이 책의 일부 또는 전체를
무단 복제, 전재, 발췌하면 저작권법에 의해 처벌을 받습니다.

사랑은 멈추지 않는다

죽음도 막지 못하는
희망의 샘물 이야기

원주희 지음

추천사_ 손봉호(서울대학교 명예교수 / 샘물호스피스 이사장 / 나눔국민운동본부 대표)

인간은 참으로 대단한 존재입니다. 인류가 그동안 이룩한 찬란한 문화유산과 지금도 만들어내고 있는 업적들은 너무 훌륭해서 우리의 상상과 기대를 초월합니다. 인간이 만들어 놓은 것들이 얼마나 강하고 얼마나 섬세한지, 얼마나 아름답고 장엄한지, 얼마나 빠르고, 크고, 작고, 높고, 깊은지요! 볼수록, 들을수록, 알수록 감탄이 절로 나옵니다. "인간은 만물의 영장"이란 말은 진부해진 지 오래고, 이제는 만물의 창조주에게 도전할 만큼 강하고 유식해졌습니다.

그러나 그와 동시에 인간은 얼마나 연약하고 부질없는지요! 사람의 목숨은 끈질기다 하지만 사실은 스스로 만든 간단한 도구, 한 방울의 독극물, 조그마한 실수, 간단한 몸놀림으로도 생명이 끝날 수 있습니다. 그렇게 죽음은 인간의 한계를 대변하고 인간의 모든 한계와 관계되어 있습니다. 그의 대단한 능력을 무력하게 만들고 그 찬란한 성취도 무위로 만듭니다.

"사람이 만일 온 천하를 얻고도 제 목숨을 잃으면 무엇이 유익하리요 사람이 무엇을 주고 제 목숨을 바꾸겠느냐"(마태복음 16장 26절).

죽음은 인간이 그토록 열심히 추구하는 돈, 명예, 권력, 성취, 쾌락을 모두 보잘것없게 만들어 버립니다. 그런데 그렇게 중요한 죽음을 우리는 너무 소홀히 취급합니다. 마치 그런 것이 없는 것처럼 살고 별로 준비하지 않습니다. 태어남, 결혼, 대학입학보다 소홀히 합니다. 이런 잘못을 바로잡는 것이 샘물호스피스의 목적입니다. 호스피스는 단순히 치유될 수 없는 환자들이 죽기 전에 거쳐 가는 하나의 복지기관으로 만족해서는 안 됩니다. 샘물호스피스는 그저 하는 수 없이 죽음을 당할 것이 아니라 이 중요한 죽음을 철저히 준비하여 능동적으로 맞이할 수 있게 하기 위하여 존재하고 사역합니다.

이 사역의 중심에 원주희 목사가 서 있습니다. 그가 쓴 이 책은 그런 점에서 특별한 가치를 지닙니다. 그가 하고 있는 사역은 아무나 할 수 없으며, 그의 신앙과 헌신, 순수성과 신실성은 우리가 모방하기가 쉽지 않습니다. 이 책은 긴 세월 동안 호스피스 사역을 주도하면서 그가 초지일관 유지해 온 순수하고 진실한 신앙 인격과, 그것이 바탕이 되어서 겪은 것, 느낀 것, 깨달은 것, 판단한 것이 열매로 영근 것입니다. 그러므로 이 책은 죽음을 심각하게 생각하는 모든 사람에게 매우 중요하고 소중한 대리 경험이 될 수 있을 것입니다. 죽음의 두려움을 극복한 사람들의 이야기와 그들을 돌보는 사람들의 사랑은 많은 감동을 줄 것이고, 각 장 끝에 들어간 글들은 유용한 도움이 될 것입니다. 이 책은 충분히 읽을 가치가 있는 책입니다.

추천사_ 홍정길(남서울은혜교회 원로목사)

  한평생 한 길을 올곧게 가는 사람들을 보면 저절로 마음 깊은 곳에서 존경심이 솟아오릅니다. 수많은 쉬운 길을 마다하고 어렵고 힘들지만 하나님이 기뻐하시는 그 길을 걸어가시는 분들을 하나님이 얼마나 귀하게 여기실지 보기에도 감격스럽습니다. 선교계의 이태웅 목사님이 그러합니다. 오직 한 길을 걸어가는 정민영 선교사도 있습니다. 신학공부를 잘 마쳤음에도 선교사의 길을 가기 위해 헌신하고 흐트러짐 없이 계속 그 길을 걸어가는 정 선교사의 모습을 볼 때마다 감탄하지 않을 수 없습니다.

  이런 뜻 깊은 일을 아름답게 이루어 나가시는 귀한 분이 한 분 더 계십니다. 바로 원주희 목사님이십니다. 원 목사님은 임종만 바라보고 있는 사람들을 섬기기로 작정하신 분입니다.

  모두들 힘들어하고 가까이하기 어려워하는 일, 누군가는 해야 한다고 말은 하지만 누구도 선뜻 나설 수 없는 일이었습니다. 그러나 원 목사님은 주께서 그분을 이 일에 부르셨다고 믿고 샘물호스피스를 만드셔서 말기 암 환우들과 함께 지내고 계십니다.

  그분들의 고통에 같이 아파하고, 그분들이 흘리는 눈물을 닦아주며,

사랑하는 사람을 먼저 떠나보내야 하는 고통을 겪는 가족들에게 하나님의 위로를 전하는 일을 지금껏 해오고 계십니다. 쉬운 길들을 보면서도 한 번도 곁눈질하지 않고 묵묵히 주께서 부르시는 그 길을 달려가고 계십니다. 하나님이 함께하시는 현장에 있다는 사실만이 그분이 받으시는 위로이며 그 사실에 늘 감동하며 살고 계십니다.

무릎 꿇고 기도할 때 하나님이 필요한 것을 공급해 주심을 늘 경험합니다. 공급받는 물건보다 더 귀한 것은 하나님의 한없는 사랑의 눈길이 가까이 있다는 사실일 것입니다. 이처럼 올곧은 그분의 걸음은 이 땅에 사는 사람들이 삶을 어떻게 영위해야 할지를 가르치는 이정표가 될 것이기에 참 귀합니다.

돈, 이것은 이 시대의 최고 가치입니다. 동시에 현대의 가장 큰 비극이기도 합니다. 그러나 귀한 원 목사님은 돈보다 더 귀한 가치를 추구합니다. 그 가치를 붙잡으신 목사님은 경제적인 빈곤이나 어려움과 상관없이 부유하고 행복한 사람입니다.

늘 조용히 행복이 무엇인지를 가르쳐주는 그분을 보는 것만으로도 저는 즐겁습니다. 더욱이 그분의 귀한 삶이 기록된 이 책은 제게 뭉클한 감동을 더해 줍니다.

많은 분들에게, 아니 바로 살고자 하는 모든 분에게 이 책이 생의 소중함을 깨우치는 귀한 안내서가 될 것을 믿고 감사드립니다.

추천사_ 박상은(샘병원 의료원장)

　우리 모두는 죽기 마련입니다. 그러나 죽음을 맞이하는 모습은 저마다 많이 다릅니다.

　저는 30년 동안 내과의사로서 수백 명의 죽음을 지켜보면서 두 종류의 죽음이 있음을 깨달았습니다. 죽음이 다가올 때 무서워하며 도망치려고 필사적으로 발버둥치다가 끌려가듯 죽음을 맞이하는 사람이 있는가 하면, 오히려 환한 모습으로 죽음을 맞이하러 달려 나가는 사람이 있습니다.

　약사이자 목사로, 때로 버스기사이자 장의사로 섬기기도 하는 원주희 목사님은 무엇보다 환자의 마지막 얼굴에 환한 미소를 안겨드리는 호스피스 전도사입니다. 어쩌면 호스피스는 사랑하는 신랑을 맞이하기 위해 신부를 몸단장시키는 신부대기실 같습니다. 죽음은 저 너머 삶의 새로운 시작이기 때문입니다.

　저자는 지난 20여 년 동안 한결같이 샘물호스피스에 헌신하셨을 뿐만 아니라 척박한 이 땅에 죽음에 대한 새로운 문화를 일구어내셨습니다. 나아가 그분은 더 열악한 나라들에까지 사랑을 전하시는 선교사이십니다. 호스피스라면 밤낮을 가리지 않고 수고하신 덕분에 이제 행정

부도 이 분야에 눈을 뜨게 되고, 의사들도 조금씩 마음을 열게 되었습니다.

  이 책을 읽는 모든 분들이 사랑으로 요동치는 목사님의 심장소리를 들으며, 그 따스한 온기를 느끼게 되시기를 소망합니다.

프롤로그 두려움을 뛰어넘는 멈추지 않는 사랑으로

    42.195km를 달리는 마라톤 대회. 한 중년 남자가 마지막 결승선을 향해 힘겹게 달린다. 몇 번씩 쓰러지면서도 다시 일어나 끝까지 결승선을 향해 다가간다. 그런 모습에 진심으로 응원을 보내고 있던 가족들은 그가 결승선을 통과하는 순간 모두 달려 나가 따뜻한 마음으로 그를 맞이한다.
    영화 "마이웨이"(My Way)의 마지막 장면이다. 이 장면 위로 프랭크 시내트라의 노래 "마이웨이"가 흐른다.
    "이제 마지막이 가까워지고 나는 인생의 마지막 순간을 향하고 있다네(And now the end is near. And so I face the final curtain)……."

    결승선에 가까워진 마라톤 선수에게는 응원이 필요하다. 마찬가지로 생을 아름답게 마감하고 하늘나라로 이사 갈 준비를 마친 사람들에게도 응원이 필요하다.
    "이제 다 왔어요."
    "힘내세요!"
    우리는 누구에게나 다가오는 이 인생의 결승선을 힘들게 통과할 수

도 있고 가볍게 통과할 수도 있다. 떠날 준비가 잘 된 사람에게 결승선은 바로 출발선이 된다.

기왕에 한 번은 맞이해야 하는 죽음이라면 두려움 없이 용감하게 맞이할 수는 없을까? 슬프지 않고 기쁘게 맞이할 수는 없을까? 불안하지 않고 평화롭게 맞이할 수는 없을까? 행복하게 맞이할 수는 없을까?

분명히 있다. 바로 "당하는 죽음"이 아닌 "맞이하는 죽음"이다.

나는 용감하게, 기쁘게, 평화롭게, 행복하게 죽음을 맞이하는 사람을 수없이 봐 왔다. 그들에게 죽음이란 현상은 단지 애벌레가 허물을 벗고 나비가 돼 나풀나풀 날아가는 현상 그 이상도 이하도 아닌 것이다.

샘물호스피스에는 이런 분들의 사례가 넘치도록 많아서 그 이야기를 모두 옮겨 담으려면 한 권의 책으로는 턱없이 부족하다. 죽음이 끝이 아니라는 것을 알기에 죽음마저 막지 못하는 환우와 그 가족 간의 사랑, 죽음의 문턱을 힘겨워하는 환우들을 돌보는 자원봉사자들의 사랑, 그리고 죽음의 두려움을 극복할 수 있게 해주는 그분의 사랑이 이곳 샘물에서 넘쳐흐르고 있다.

샘물호스피스에서 20년 동안 5,600여 명의 임종을 지켜보며 발견한 것은 죽음을 준비한 사람이 삶을 더욱 의미 있고 아름답게 살아간다는 것이다. 모두가 피하고 싶어 하는 죽음, 언제 어디서 어떻게 맞이하게 될지 아무도 모르지만 누구도 피할 수 없는 죽음이기에 우리는 오히려 그 죽음을 잘 준비해야 한다. 죽음을 준비하는 것은 삶의 진정한 가치를 발견하고 참된 삶을 살아가도록 돕는 힘이 된다.

나 역시 여러 번 죽을 고비를 넘기며 죽음의 두려움이라는 문제로 오랫동안 고민했다. 그 두려움 앞에서 깊이 고민하고 해결책을 찾은 끝에 지금 나는 과거의 나처럼 죽음의 문제로 힘겨워하는 분들에게 내가 찾은 해결책을 함께 나누는 삶을 살아가고 있다. 그분들에게 준비된 죽음이 무엇인지, 왜 준비된 죽음이 행복한 삶인지, 우리가 어떻게 죽음을 두려워하지 않을 수 있는지를 나눌 때에 그분들은 죽음에 대한 두려움을 넘어 시간이 얼마나 남았든 소중한 순간순간을 아름답게 살아내는 삶을 살아갈 수 있었다.

이 책을 내면서 염려되는 부분도 없지 않았다. 비록 이 책의 내용이 사실이라고 해도 생각하기에 따라서는 개인의 자랑으로 여겨질 수도 있다. 그렇게 생각하는 독자가 많아지면 결코 하나님이 기뻐하실 일이 아니다. 그래서 애초에 출판을 권유받았을 때 정중히 거절하였었다.

그러나 출판사에서는 누구보다 호스피스 사역의 중요성을 잘 알고 있는 내가 이 사역을 널리 알려 많은 사람이 죽음의 두려움을 극복하고 의미 있는 삶을 살아가게 해야 한다고 강하게 권했다. 또 그렇게 하는 것이 하나님께 영광을 돌리는 길이라는 말도 덧붙이면서……. 이제는 생명의말씀사의 격려에 고마움을 표할 수 있어 다행이다.

어렵게 마음먹고 마음을 낮추어 조심스럽게 만든 책이다. 이 책을 여는 분마다 이 점을 깊이 이해해 주기를 바라는 마음이 간절하다. 어렵사리 빛을 본 이 책이 임종을 앞둔 환우들, 환우를 돌보는 가족과 봉사자, 의학적 조치를 제공하는 의료진뿐만 아니라 지금 이 순간을 살아가고 있는 모든 이들에게 길잡이 역할을 하게 된다면 더 바랄 것이 없다. 모든 영광을 하나님께 돌린다. 아울러 이 책에 소개된 환우들의 이름은 가명임을 밝힌다.

  이 책이 세상에 나오기까지 모든 자료를 정리하고 다듬어주신 박재역 선생님과 본인의 졸고에 기꺼이 추천사를 허락하신 손봉호 교수님, 홍정길 목사님, 박상은 원장님께 감사드린다.

2012년 겨울
고안리 서재에서 원주희

목 차

추천사 손봉호, 홍정길, 박상은 _4
프롤로그 두려움을 뛰어넘는 멈추지 않는 사랑으로 _10

"사랑해요, 잘 가." _18

| 1장 | 희망을 찾다   죽음은 생각보다 가까운 곳에 있다 _30
폐결핵에 걸린 약사 _36
"선생님은 약사님이세요, 목사님이세요?" _41

| 2장 | **가슴 뛰는 첫걸음**

유학의 길을 접고 _48
확신을 놓지 않고 때를 기다리다 _52
나만의 가슴 설레는 결정 _56
"경찰서인데, 좀 나와 주셔야겠습니다." _61

| 3장 | **샘물에 가면 발걸음이 가볍다**

이곳은 샘물의 집 _70
첫 발을 내디딘 땅 가창리 _77
첫 환우와 첫 봉사자, 그리고 첫 기증자 _82
"우리 동네는 안 됩니다!" _87
초석도 놓지 못한 땅 근창리 _90
약속의 땅 고안리 _97

| 4장 | **아주 용감한 사람들**

가족마저 등을 돌린 사람들을 품다 _110
새로운 시작, 에이즈 호스피스 사역 _115
전국을 누비는 치과 진료 버스 _119

| 5장 | **혼자가 아닌 함께**

사랑은 아무나 하나? _132
작은 자 하나에게 냉수 한 그릇이라도 _139
세상에 남기는 마지막 선물 _148
"천국으로 이사 가는 거예요." _153
유리처럼 투명하게 _161

| 6장 | **"기도만 하면 산다고?"**
"이 차가 장의차라고요?" _168
누구에게나 반드시 온다 _172
"제 신발 좀 챙겨주세요." _176
죽음을 준비한다는 것은 _183

| 7장 | **아는 것 세 가지, 모르는 것 세 가지**
알면 이깁니다 _192
"절망 앞에 있는 이들을 행복하게 해주던 사람으로 기억해 주세요." _205
함께 쓰는 유언장 _218
아름다운 마지막 여행 _223
두려움 없는 마지막을 준비하며 _228

에필로그_ "축제" _236

"사랑해요, 잘 가."

"울지 마……. 찬송 좀, 불러 주겠어? '저 높은 곳을 향하여'를 불러 줘. 나…… 기쁘게 보내 줘."

64세의 나이에 췌장암 진단을 받은 한성태 님, 그분은 그 후 5개월도 채 지나지 않았는데 사랑하는 가족들 곁을 떠나려 하고 있다.

가족들은 그분이 부탁한 찬송을 부르기 시작했다. 바로 그때 놀라운 일이 일어났다. 숨쉬기도 벅차하던 한성태 님이 그 순간에 놀랍게도 박수를 치며 찬송을 부르시는 것이다. 그 찬송은 그 힘든 순간에 자신의 영혼을 아버지께 의탁하는 곡조 있는 기도였다.

"저 높은 곳을 향하여…… 날마다 나아갑니다…….

내 주여 내 발 붙드사…… 그곳에 서게 하소서."

떠날 준비를 마친 한성태 님이 먼저 아내에게 작별 인사를 건넸다.

"여보……, 나는 지금 가도 괜찮은데, 당신은 어때?"

"당신 힘들어하는 거 싫어요. 편안하게 먼저 가. 먼저 가서 날 기다려 줘. 사랑해, 여보!"

"그래. 그럼……, 나 먼저 갈게.

사랑해……."

다시 가족 한 사람 한 사람과 나누는 긴 포옹과 입맞춤이 이어졌다.

"사랑해요……. 잘 가, 여보!"

한성태 님은 잠시 더 휴식을 취한 후 고단했던 삶을 조용히 내려놓고 본향으로 향하는 여행을 떠나셨다. 가장 평안하고 가장 위엄 있는 모습으로……. 자신의 안구를 기증하여 두 사람에게 빛을 안겨주는 아름다운 사랑의 흔적을 남기시고…….

한성태 님, 이분은 다름 아닌 바로 내 손위 처남이시다.

* * *

"큰아빠……, 고마워요. 우리 아빠와 앞으로 사이좋게 잘 지내실거죠? 약속해요…….

아빠도 다 잊어요. 아빠……, 먼저 가게 돼서 미안해. 용서해 줘.

삼촌, 미안해…….

큰아빠……, 난 큰아빠를 제일 사랑하고 좋아했어요……. 아세요?"

"화영아, 어떻게 이렇게 착한 딸로 태어났니? 참 감사하구나……."

며칠 뒤 송화영 님은 스스로 말도 하지 못하고 움직일 수도 없을 만큼 상태가 점점 나빠져 침대에 누운 채 숨만 몰아쉬고 있었다. 그런 딸을 바라보는 아버지는 아무 말도 하지 못하고 입술 사이로 흐느끼는 소리만 힘겹게 내보낼 뿐이었다. 이제 겨우 34세, 송화영 님은 횡근문근 육종이라는 희귀 암에 몸을 내주고 있었다.

어느 날 아침 송화영 님의 병실에 들어섰다.

"하나님 아버지! 송화영 님이 많이 힘드셔서 하나님이 부르시는 시간이 가까웠는지를 살피고 있습니다. 하나님의 뜻이 어디 있는지 잘 살피게 하시고 하나님께서 허락하신 그 시간까지 너무 아프지 않고, 힘들지 않고, 두려워하지 않도록 도와주십시오.

돕는 이들이 지혜롭게 잘 돕게 하시고 가족들도 다시 만날 소망을 품고 잘 응원할 수 있도록 도와주십시오. 끝까지 사랑해 주실 줄 믿고 예수님 이름으로 기도드립니다. 아멘."

이렇게 기도한 뒤 잠시 송화영 님의 부모님과 대화를 나눴다.

"아버님, 어머님, 힘내세요. 흔들리지 마시고 믿음으로 견디세요. 어머니는 잘 견디시죠?"

"예, 저야 잘 견디죠. 그런데 저희 남편이 견디기 힘든가 봐요."

그 말에 나는 계속 울고 있는 환우 아버지의 손을 잡아주었다.

"따님이 너무 착해서 그러시나 봐요?"

"예, 목사님. 지금까지 단 한 번도 딸 때문에 속상해 본 적이 없었어요. 단 한 번이라도 그랬더라면 이렇게 울지 않지요……."

사실 송화영 님 아버지는 오래전 별일 아닌 일로 큰아버지와 크게 한 번 다툰 뒤 오랫동안 왕래 없이 서로 등지고 지내왔다. 송화영 님은 그것이 너무 안타까워서 두 분을 떠올릴 때마다 서로 화해하게 해 달라고 하나님께 애타게 기도해 왔다. 그렇지만 송화영 님의 바람은 이뤄지지 않았고 두 분 사이는 점점 더 멀어져만 갔다. 그러다 암에 걸려 투병하다가 샘물호스피스로 들어오게 된 것이다.

　샘물에 입원하자마자 송화영 님은 마지막으로 큰아빠가 보고 싶다며 불러 달라고 했다. 송화영 님은 병실에 들어서는 큰아빠의 손을 잡고 부탁했다.

　"큰아빠……, 우리 아빠 용서해 주세요."

　그리고 아빠를 쳐다보며 말했다.

　"아빠, 큰아빠께 용서를 비세요……. 마지막으로, 부탁드릴게요."

　그 말이 떨어지기가 무섭게 송화영 님의 아버지는 형의 손을 덥석 잡고 딸의 뜻대로 용서를 빌었다. 두 사람의 모습을 지켜보는 송화영 님의 눈에 물기가 차올랐다.

　"큰아빠, 고마워요. 우리 아빠 용서해 주셔서……."

　"화영아……."

　병실이 갑자기 울음바다로 바뀌었다. 그리고 며칠 뒤 송화영 님은 말문이 닫혔다.

　어머니의 딸 자랑이 이어졌다.

"애 아빠 말처럼 화영이는 엄마나 아빠가 싫어하는 짓을 단 한 번도 한 적이 없어요. 이렇게 우리 애를 통해서 가정이 새롭게 회복된 것은 정말 감사한 일이지요."

"귀한 사역을 하고 있는 거네요. 안 그래요, 어머님?"

"엊그저께 큰아버지가 다녀가셨어요. 그날은 화영이가 밝은 미소로 얼마나 기분 좋게 이야기하던지……. 큰아버지도 가실 때까지 웃으셨어요. 선교지였던 울진뿐만 아니라 우리 가족도 회복시켰으니까 감사한 일이지요."

이제는 대화를 할 수 없는 딸의 모습을 안타깝게 지켜보던 아버지가 입을 열었다.

"목사님, 영양제를 놓지 않으니까 의식이 왔다 갔다 해요. 그것 때문에 대화를 할 수 없다는 게 안타깝습니다."

"아버님, 영양제를 놓으면 몸이 더욱 붓고 더 힘들어해요. 샘물 의료진이 잘 돌봐드리고 있으니까 걱정하지 마세요. 아버지 생각대로 하게 되면 더 어려워집니다."

"그래도 의식을 잃으니까 안타까워서요……."

"아버님, 귀로는 다 들리니까 평소처럼 대화하세요. 따님은 지금 멋있게 사역하고 있잖아요. 걱정 마시고 우리가 하는 대로 따라오시면 됩니다. 따님이 78년생이던가요?"

"예, 우리 나이로 서른넷이지요."

"우리 큰딸하고 나이가 같네요. 따님이 참 대단하세요."

이번에는 아버지의 딸 자랑을 들을 차례다.

"자랑 같지만 우리 딸은 삼일교회에서 울진에 파송된 선교사였습니다. 8년간 기도한 후에 결정한 일이었지요."

"따님의 모든 사역을 기억하고 메모해 두세요. 후에 아름다운 메시지로 남을 겁니다. 그런데 여긴 어떻게 알고 들어오셨어요?"

"다른 데도 많지만 이곳 샘물에 목사님이 계셔서 날마다 예배가 있다는 것을 알고 딸을 데리고 왔습니다. 여기에 도착하고 나서 우리 딸이 얼마나 좋아하던지요."

계속 울먹거리며 이야기를 이어가는 아버지의 손을 잡고 나는 이렇게 당부했다.

"아버님, 울고 싶으시면 많이 우세요. 지금 많이 우세요. 그리고 사랑한다는 말을 많이 하세요."

이틀 뒤 힘든 싸움을 마무리한 젊디젊은 딸은 그렇게 아버지 형제들을 화해시킨 뒤 하늘나라로 이사하는 여행을 떠났다.

죽음을 잘 준비한 사람은 남은 사람들에게 "미안해요", "고마워요", "사랑해요"를 정겹게 나누고 떠난다. 떠나보내는 가족들도 눈물을 흘리며 환송 인사를 한다. 서로를 향한 애틋한 사랑은 죽음을 넘어서도 계속되는 것이다.

"미안해요. 고마워요. 그리고…… 사랑해요."

죽음 직전에 나누는 이런 인사는 쉽게 할 수 있는 게 아니다. 다음 세상으로 떠날 준비를 잘 마친 사람과 다음 세상에서 다시 만난다는 희망을 가진 가족들만이 이런 환송인사를 담담하면서도 정겹게 나눌 수 있다. 이런 인사를 남기고 떠나는 사람은 평안하고 행복한 상태로 생을 마감하고 기쁨으로 여행을 떠날 수 있다.

나는 직접 죽을 고비를 몇 번이나 넘기고 수없이 많은 죽음을 보면서 어떻게 하면 죽음의 두려움을 극복할 수 있을지, 그 해답을 오랫동안 찾아다녔다. 죽음은 누구나 거쳐야 하는 과정이라고 생각하고 평안하게 임종을 맞이하라는 이른바 긍정적 죽음관만으로는 도저히 풀어낼 수 없는 문제였다.

죽음이라는 문제에 부딪쳐 머리를 싸매고 생각하다 못해 어느 날부터 나는 성경을 읽기 시작했다. 그러던 중 성경에서 예수님이 일생 동안 죽음의 공포에서 종살이하는 모든 사람을 자신의 죽음을 통해 자유롭게 하셨다는 기록을 발견했다.

> "또 죽기를 무서워하므로 한평생 매여 종노릇하는 모든 자들을 놓아 주려 하심이니"(히브리서 2장 15절).

나 역시 오랫동안 죽음의 두려움에 사로잡혀 일평생 종노릇하며 살아온 불쌍한 인생이었다. 대학 시절, ROTC에 입단한 뒤 여름방학 때 군부대에 가서 사격훈련이나 유격훈련을 받을 때에도 혹시 사고로 죽을까 봐 몹시 두려워했다. 그런데 성경(히브리서 2장 15절)을 읽고 이해하는 순간, 그렇게도 힘들었던 죽음 문제가 하루아침에 명쾌하게 해결됐다. 죽음 이후 이미 준비돼 있는 천국에 갈 수 있는데 두려울 게 뭐가 있을까 싶었다. 하나님이 내 인생에 찾아오셔서 베풀어주신 사랑 중에 가장 큰 사랑이 바로 나를 죄와 죽음에서 건져주신 것이다.

평생 지긋지긋하게 나를 따라다니며 괴롭히던 죽음의 두려움이 사라져버렸다. 언제 이 세상을 떠나더라도 이 세상보다 훨씬 좋은 천국에 영원히 살러가는 것이라는 사실을 알고 나서는 죽음이 전혀 두렵지 않았다. 하나님이 죽음의 두려움에서 나를 해방시켜주시고 죽음으로부터 자유를 누리게 하신 것이다.

나는 이렇게 찾은 죽음 문제의 해결책을 죽음 앞에서 두려워하는 많은 사람에게 알려주어 좀 더 가치 있는 삶을 살도록 도와주어야겠다고 결심했다. 그래서 지금은 죽음 이후의 세계를 확신하고 살아 있는 동안 아름다운 삶을 살아내고 잘 마무리한 뒤 기쁨으로 출발하기를 당부하고 격려하는 삶을 살아가고 있다. 바로 성경에서 발견한 복음적인 죽음관을 심어주고 있는 것이다.

샘물에서는 약사인 나를 비롯해 의사와 간호사들이 최선을 다해 환우들을 돕고 있다. 죽음 앞에서 두려워하고 불안해하는 말기 암 환우들에게 통증을 완화하는 약을 처방하면 조금은 도움이 될 수 있다. 그러나 인간의 가장 깊숙한 곳에 숨어 틈만 나면 밀고 올라오는 죽음의 공포를 약만 가지고는 완전히 해결할 수 없다. 내가 경험했듯이 환우들의 마음속에 복음이 자리 잡아야만 죽음의 두려움에서 완전히 벗어날 수 있다. 죽음 문제가 근본적으로 해결된 사람들은 생을 의미 있게 살다가 바람직하게 마무리하고 행복한 여행을 떠난다. 그뿐 아니라 남은 가족들도 기쁨과 행복으로 다시 만날 날을 기다리며 스스로 죽음 준비를 아름답게 마칠 수 있다. 죽음은 끝이 아니라 죽음 이후에 이사 가서 살아갈 아름다운 세상, 바로 천국을 향해 떠나는 여행이다.

사랑은
멈추지
않는다

| 1장 |

희망을 찾다

죽음은 생각보다 가까운 곳에 있다
폐결핵에 걸린 약사
"선생님은 약사님이세요, 목사님이세요?"

죽음은 생각보다
가까운 곳에 있다

'아, 이제 죽는구나!'

데굴데굴 구르는 차 안은 죽음의 공포로 가득 차 있는 듯했다. 언제였는지도 모르게 뒤에 앉은 환자 병사들은 밖으로 튕겨나갔고, 조수석에 앉아 있던 나와 운전병만 꼼짝없이 차와 함께 굴러가다 논바닥에 처박혔다.

처박힌 차 안에서 그나마 운전병도 간신히 밖으로 기어나간 것 같았다. 그러나 나는 뒤집어진 차 안에서 꼼짝도 못하고 떨고 있었다. 아무 도움도 되지 못하는 철모만 두 손으로 꽉 잡은 채…….

'군대에서 전역하면 결혼도 하고, 아이들도 낳아서 오순도순 행복하게 살아야 하는데……. 약국 개업하고 돈 많이 벌어 출세해서 폼 나게 살아야 하는데……. 이대로 죽으면 안 되는데…….'

내가 정말 죽을 수도 있다는 생각이 들게 한, 그야말로 끔찍한 사고였다.

***

　1975년, 나는 약학대학을 졸업한 뒤 ROTC 제13기 장교로 입대했다. 약사였지만 군대에서 의사 역할을 하는 의무장교로 배치받고 최전방에서도 깊숙한 판문점 지역에서 의무지대장으로 근무했다.

　그렇게 근무한 지 1년 정도 지났을 무렵, 공동경비구역에서 그 유명한 "8·18 도끼만행 사건"이 일어났다. 1976년 8월 18일 판문점 공동경비구역에서 미루나무 가지치기 작업을 감독하던 미군 장교 2명이 북한군에게 도끼로 살해당한 끔찍한 사건이 일어난 것이다. 이 사건은 남한과 북한의 관계를 전쟁 일보직전까지 몰아갔다. 한 달 동안 군화도 제대로 벗지 못한 채 명령만 떨어지면 출동해야 하는 대기 상태로 하루하루를 보냈다. 그때 나는 심한 공포에 시달렸다.

　'전쟁이 나서 이대로 죽으면 어떻게 하지? 사랑하는 가족도 못 만나고 죽는 건 아닐까?'

　감사하게도 전쟁은 일어나지 않았지만, 엄청난 두려움에 밤잠을 설친 날이 하루 이틀이 아니었다.

　죽음에 대한 두려움은 군대에서 생활하는 동안 수시로 다가왔다. 하루는 아픈 병사들을 앰뷸런스에 태우고 후방에 있는 병원으로 이동하고 있었다. 평소에 운전 하나만은 최고라며 큰소리 뻥뻥 치던 운전병이 운전대를 잡고 도로를 달리는 중이었다. 그런데 어찌된 영문인지 달리던 차가 길을 벗어나 논바닥으로 굴러가는 게 아닌가!

차창 밖에서는 하늘과 땅이 빙글빙글 돌고 있었다. 숨이 탁 멎는 것 같았다. 그 짧은 순간에 집에 계시는 부모님과 가족들 얼굴이 하나하나 차례로 눈앞에 펼쳐지며 어른거렸다.

죽음의 공포가 밀려오는 그 순간, 나는 필사적으로 철모만 두 손으로 꽉 움켜쥔 채 차가 굴러가는 대로 몸을 내맡겼다.

'여기서 죽을 수도 있겠구나!'

죽음의 공포가 머릿속을 떠나지 않았다. 그 사건 이후 "언제든 죽을 수도 있다"는 죽음에 대한 두려움이 내내 나를 따라다녔다.

사실 내게 죽음의 공포는 그때가 처음은 아니었다. 어쩌면 어릴 때부터 나를 졸졸 따라다녔는지도 모른다.

나는 어릴 때 운동을 좋아했다. 특히 야구를 무척 좋아해서 초등학교에 다닐 때는 야구선수를 할 정도였다. 주로 포수를 맡아 투수가 던지는 공을 받아냈다. 그런데 한번은 야구경기를 하다 투수가 던진 공이 내 눈을 정통으로 맞혔다. 순간 나는 정신을 잃고 그 자리에 쓰러졌다. 그땐 정말 죽는 줄 알았다. 또 고등학교에 다닐 때에는 친구가 교실에서 싸우다가 죽는 현장을 지켜보기도 했다.

이처럼 나는 살아오면서 예기치 않게 죽음을 경험하기도 하고 죽음과 관련된 사고를 목격하기도 했다. 그런 경험은 나를 한없이 불안하고 답답하게 했다.

'죽음 문제를 해결할 방법이 없을까? 이 두려움에서 벗어날 수는 없는 걸까?'

내 안에서 이런 질문이 꼬리에 꼬리를 물고 끊임없이 이어졌다. 어떻게든 "죽음의 공포"를 해결할 방법을 찾지 않고는 하루하루를 견디기조차 힘든 상황이었다.

그러던 어느 날, 한 가지 행사가 머리를 스쳤다.

'그래, 그거야! 진중 세례!'

군대에서는 목사님이 예수님을 믿기로 결심한 장병들에게 정기적으로 세례를 베푸는 특별 행사를 진행한다. 그렇게 군에서 예수님을 믿기로 작정하고 세례를 받은 후 전역해서도 꾸준히 교회에 나가는 사람도 많다. 그런데 지금까지 무심하게 보아왔던 "진중 세례식"이 얼핏 떠오른 것이다. 기회는 이때다 싶어 바로 달려가 신청했다. 세례만 받으면 지금까지 따라다니던 모든 마음의 문제가 "좍" 해결될 것만 같았다. 그렇게 해서 나는 감격적인 세례를 받았다.

세례를 받고 나서 마음속으로 '이제는 해결될 거야'라고 확신했다. 기독교의 힘이라면 죽음 문제를 쉽게 해결할 수 있으리라는 기대에 한껏 부풀어 있었던 것이다. 그렇지만 성경을 열심히 읽는다거나 기도를 한다거나 찬양을 열심히 부르는, 그런 기독교인 흉내를 내지는 않았다. 그런 탓인지 세례를 받고 나서도 내 안에 도사리고 있는 죽음의 두려움은 쉽게 사라지지 않았다.

그토록 파란만장했던 군대 생활도 얼마 남지 않았을 즈음, 나는 경기도 포천시 일동에 있는 제103야전병원 약제 과장으로 보직되었다. 전임한 지 얼마 안 돼 부대 대항 스케이트대회가 열렸는데 계급별 대표선수 중 위관장교 대표선수로 내가 뽑혔다. 우리 부대를 대표하는 선수로 뽑힌 김에 전역하기 전에 우승 한 번 해보자 싶어 얼음판에서 살다시피 하며 오직 연습에만 열중했다.

그런데 연습 도중 그만 얼음에 미끄러지면서 넘어져 고관절 인대를 다치는 부상을 당했다. 얼마나 아팠던지, 통증이 그렇게 무서운 것이라는 사실을 그때 처음 알았다. 결국 나는 대회 출전 대신 병원 신세를 지게 되었다.

입원해 있는 동안에도 말할 수 없는 고통에 시달렸다. 평생 처음 경험해 본 참을 수 없는 통증이었다. 맥이 팔딱팔딱 뛸 때마다 반복되는 통증은 일반 진통제로도 가라앉지 않았다. 통증이 심한 나머지 군에서 총상을 입었을 때나 사용하는 모르핀까지 써 봤지만 아무 소용이 없었다. 진통제도, 모르핀도 전혀 듣지 않자 하는 수 없이 중환자실로 옮겨야 했다.

대학에서 약학을 전공하면서 약으로 모든 질병을 해결할 수 있다는 믿음이 있었는데 그 믿음마저 흔들렸다. 약사라는 희망찬 미래를 계획하고 있었는데 기대하던 것이 무너지는 상황이 되자 불안감이 커졌다. 군대생활 초기 앰뷸런스가 뒤집히는 사고 때 느꼈던 죽음의 공포가 다시 찾아오면서 '이러다가 죽을 수도 있겠구나' 하는 생각이 다시 들었다.

하루는 군종병과 함께 기독교 신앙을 가진 병사들이 몇 명 찾아왔다. 그들은 내 손을 꼭 잡고 함께 찬양을 하고 기도도 해주었다. 그런데 이게 웬일인가! 그때부터 신기하게도 통증이 가라앉았다. 약물치료에 대한 믿음이 없어져서 불안했는데 약 이외에도 의지할 것이 있다는 상황 앞에 놓이니까 마음도 평안해졌다. 그때 그들이 어떤 노래를 불러주었는지는 정확하게 기억나지 않지만 마음을 평안하게 하는 찬송이었음은 분명하다.

의학기술로도 약으로도 어찌지 못하고 고통에 시달렸는데 잠시 찬송을 듣고 함께 기도한 것만으로 몸도 마음도 편안해지다니……. 모르핀도 듣지 않던 통증이었는데……. 나는 처음으로 "신앙적 평안이란 게 이런 거구나" 하는 걸 알게 됐다. 처음으로 신앙의 위로를 경험한 순간이었다.

그 체험 덕분에 처음 호스피스 사역을 시작한 이후 지금까지 매일 아침저녁으로 하루에 두 번씩 예배와 찬양, 기도를 드리는 것을 중단하지 않고 있다. 태어나서 그때까지 종교에 대한 애착은 고사하고 관심조차 갖지 않고 살아왔는데 그날 그 자리에서 의학만이 인간의 고통을 줄여주는 것은 아니라는 것을 확실히 깨달은 것이다.

폐결핵에 걸린 약사

 1977년 드디어 군대 의무복무 기간을 다 마친 나는 전역하자마자 제약회사에서 1년 6개월 정도 근무하고, 1979년 2월에 약국을 개업했다. 바야흐로 약국을 경영하며 어릴 때부터 품어온 약사의 꿈을 펼치게 된 것이다.

 처음 개업한 약국이 자리 잡은 곳은 서울 영등포시장 부근이었다. 백제약국 옆에 있던 다른 약국 하나를 인수했는데, 원래 이름은 "세광약국"이었다. 이전 이름을 그대로 쓰기는 좀 그런 것 같아서 원래 이름에다 "신"자를 하나 더 넣어 "신세광약국"이라고 간판을 바꿔 달았다.

 약국을 시작한 뒤로는 하고 싶었던 일을 하면서 돈 버는 재미에 푹 빠졌다. 그러나 돈 모으는 재미에만 매달리다 건강을 좀 소홀히 한 탓이었는지 그만 덜컥 폐결핵에 걸리고 말았다.

 '병 고치는 약을 조제하는 약사가 병에 걸리다니…….'

참 어이가 없었다. 아직은 폐결핵 초기라는 진단을 받았고 1년 동안 약을 먹고 치료하면 나을 수 있는 가벼운 병이긴 했다. 그런데도 날마다 약을 입에 털어 넣으면서 "사람을 고치는 약"에 회의가 들기 시작했다.

'과연 약이 사람의 병을 모두 고칠 수 있을까?'

그동안 잊고 지낸 죽음의 두려움이 다시 찾아온 것도, 군대 생활에서 관심을 가졌다가 곧 잊어버린 신앙 문제가 다시 새록새록 살아난 것도 그때였다.

약해져 가는 마음을 어떻게 달래 볼까 고민하다가 어느 순간 성경을 읽어보고 싶다는 마음이 생겼다. 그날부터 무작정 성경을 읽기 시작했다. 굳이 죽음의 두려움을 해결하는 방법을 찾아보려고 읽은 것은 아니었다. 그냥 말 그대로 무작정 읽어 내려간 것이다. 어릴 때부터 죽 교회에 다니기라도 했다면 그렇게 무지막지하게 읽지 않아도 이해하기가 쉬웠을 텐데…….

교회에 다니지 않았던 것은 아니다. 아주 어릴 때 교회에 가보긴 했다. 교회에 가면 선물을 받을 수 있었으니까. 부활절에도, 크리스마스에도 교회에서는 선물을 줬다. 그래서 어릴 땐 그 맛에 교회를 찾았다. 하지만 중고등학생 때에는 교회는커녕 종교라는 것에 거의 무관심했다.

그러다 대학생이 되어서 신에 대해 조금 궁금해지긴 했다. "과연 하나님이 계실까?", "계시다면 어디에 계실까?" 같은 궁금증이었다. 그렇다고 해서 굳이 알려고도, 밝혀보려고도 하지는 않았다. 그리고 ROTC 장교로 임관해 복무하는 동안 죽을 뻔한 사건을 몇 차례 겪으면서 어렴풋이 "신앙이란 게 도대체 뭘까", "신은 과연 있는 걸까"라는 의문에 좀 더 접근하며 고민해 본 게 전부였다. 그러니 성경을 읽을 기회도 없었지만 또 굳이 읽으려는 의지도 없었다.

아무튼 무작정 성경을 읽은 것은 성경 내용을 잘 알아보고 거기에서 어떤 해답을 찾고자 한 것이 아니었다. 오히려 "설마 하나님이 있겠어?" 하는 부정적인 시각에서 읽었다는 게 옳을 것이다. 그랬다 하더라도 그 당시에는 성경을 무척 열심히 읽었다. 자고 나면 읽고, 약국에서도 읽고, 잠들기 전에도 읽었다. 거의 하루 종일 먹고 잠자고 일하는 시간 외에는 그저 성경만 읽을 정도였다.

그렇게 성경을 읽고 또 읽다가 어느 순간 마음이 평안해지는 기분이 들었다. 갑자기 내 안에서 죽음에 대한 두려움이 흔적도 없이 사라진 것이다.

"또 죽기를 무서워하므로 한평생 매여 종노릇하는 모든 자들을 놓아 주려 하심이니."

신약성경 히브리서 2장 15절에 기록된 이 말씀이 결정타였다. 사람의 몸을 입고 오신 예수님은 스스로 죽음을 선택하셨고 죽음의 세력을 물리치고 다시 살아나셨다. 그리고 그렇게 하셔서 평생 죽음의 노예로 살아야 하는 사람들을 자유롭게 하셨다는 사실을 알게 됐다.

"내 죽음 문제를 이미 근본적으로 해결해 주신 분이 예수님이시구나!"

이 사실이 믿어지니까 그동안 나를 끈질기게 쫓아다니던 죽음의 공포가 사라지고 평안함이 찾아왔다. 그 뒤로 예수님을 믿고 죽음의 두려움을 극복하는 것이 인생에서 가장 중요한 일임을 확신하게 되었고, 내가 살면서 추구해 온 모든 일이 무의미하게만 느껴졌다. 무엇보다 지금까지 돈 버는 일에 전력을 다한 것이 모두 부질없고 허무한 일이란 걸 깨닫게 되었다.

'돈이 전부가 아니었구나!'

예수님은 내 죄와 죽음을 해결하러 오신 분이고 그분으로 인해 내가 죄와 죽음에서 이미 벗어났다는 사실이 믿어지기 전에는 내가 무언가 열심히 해야만 내가 지은 죄를 용서받고 구원받을 수 있다고 생각했다. 돈을 벌어 선한 일을 많이 하고 교회에 나가 예배하고 기도하는 것도 바로 그런 차원에서 열심히 하려고 한 것이었다.

그러나 예수님이 이미 구원을 이루어주셨다는 복음이 믿어지니까 그런 수고를 할 필요가 없어졌다. 내 인생에서 가장 중요한 것은 돈이 아닌 복음으로 바뀐 것이다.

"내가 진실로 진실로 너희에게 이르노니 내 말을 듣고 또 나 보내신 이를 믿는 자는 영생을 얻었고 심판에 이르지 아니하나니 사망에서 생명으로 옮겼느니라"(요한복음 5장 24절).

"그러므로 이제 그리스도 예수 안에 있는 자에게는 결코 정죄함이 없나니 이는 그리스도 예수 안에 있는 생명의 성령의 법이 죄와 사망의 법에서 너를 해방하였음이라"(로마서 8장 1-2절).

　나는 성경을 읽는 동안 예수님을 받아들이고 그분께 내가 지은 죄를 고백하며 진심으로 용서를 빌었다. 나를 용서한 그분이 내게 영원히 살 수 있는 새로운 길을 보여주셨다. 영원한 삶이 보장되는 한, 나는 더 이상 죽음의 두려움에 갇혀 있을 이유가 없었다. 죽음도 이긴 그 사랑이 내게서 두려움을 없애버린 것이다.
　죽음의 두려움에서 해방되어 영원한 삶을 바라보는 내 삶은 그때부터 전혀 달라졌다. 온통 즐겁고 행복한 삶으로 인생관이 바뀐 것이다. 이런 은혜로운 삶을 나만 누리고 살 수는 없다고 생각했다. 죽음의 두려움에 사로잡혀 있는 분들을 만나 내가 얻은 행복한 소식을 전하며 걸어가는 여정이 시작된 것이다.

> "선생님은 약사님이세요,
> 목사님이세요?"

성경을 읽고 나는 죽음의 두려움이라는 문제에서 벗어날 수 있었다. 어찌나 기쁜지 입에서는 기쁨의 찬송이 절로 나왔다. 특히 "예수 나를 위하여"라는 찬송을 좋아해서 자주 불렀다. 이 찬송에 "보배 피를 흘리니 죄인 받으소서"라는 가사가 나오는데 그 "보배"라는 단어가 가슴에 와 닿았기 때문이다. 그래서 부천역 부근으로 이전하여 약국을 열 때에는 이름을 "보배약국"으로 지었다.

죽음의 두려움에서 해방되고 마음이 평안해지자 나는 이 사실을 다른 사람에게도 알리고 싶었다. 죽음의 공포에 사로잡혀 있는 많은 사람에게 이 소식을 전하고 싶었다. 그래서 보배약국을 운영하면서부터는 약국 운영보다 전도에 더 열심을 냈다. 약봉지에 성경구절을 적어 넣고 약국에 오는 사람 모두에게 복음을 전하기도 했다.

하루는 약국을 찾은 한 손님이 약국 문을 나서려다 말고 돌아서서 이렇게 물었다.

"선생님은 약사님이세요, 목사님이세요?"

약사라는 사람이 매일 성경을 읽거나 찬양을 부르고 있으니 좀 의아했나 보다.

"허허, 제가 목사님처럼 보이세요?"

"약사님이신 거 같은데 매일 성경책 보고 노래 부르고 계셔서요."

"그래요? 내가 왜 그러는지 알고 싶으세요?"

살아가면서 복음을 전할 기회는 자주 오지 않는다. 나는 내게 찾아온 그런 호기를 놓치고 싶지 않았다.

"저는 오랫동안 내가 죽는다는 사실이 두려웠습니다. 그런데 성경을 읽어보니 거기에 해답이 있더라고요."

그렇게 시작된 대화는 약국 문을 닫을 때까지 이어졌다. 하는 수 없이 셔터를 내리고 그 손님과 마주앉아 대화를 계속했다.

"내 힘으로는 죽음의 두려움에서 벗어날 수 없었어요. 그 두려움은 누군가가 대신 벗어나게 해줘야 하는 문제였죠. 그런데 그 문제를 해결해 주신 분이 바로 예수님이셨어요."

"예수님이라면……?"

"그분은 내 죄와 죽음을 해결하러 오신 분이에요. 그분으로 인해 내가 죄와 죽음에서 벗어날 수 있었어요. 그래서 이제는 죽음이 두렵지 않아요."

내가 열심히 설명하는 동안 그분은 날이 새는 줄도 모르고 내 이야기를 듣고 있었다. 손님과 그렇게 이야기하는 동안 어느새 창밖이 밝아오고 있었다. 우리는 내일 다시 만나 못 다한 이야기를 나누자고 약속하고 서로 헤어졌다. 뜬눈으로 밤을 보냈는데도 잠깐 집에 들르러 가는 발걸음은 한없이 가벼웠다. 마음은 기쁨으로 가득 차 있었다.

한 번 전도에 불이 붙자 약국에만 머물러 있을 수는 없었다. 전도의 영역을 좀 더 넓혀가고 싶었다. 그 당시 기아자동차에서 "봉고"라는 소형승합차를 출시했는데 이 차가 나오자마자 나는 빨간색으로 한 대를 뽑았다. 그 차를 타고 전국을 돌아다니며 전도하기 위해서였다. 그 차가 우리나라에서 두 번째로 팔린 봉고였다나.

복음을 전하는 일은 내겐 그저 신나는 일이었다. 그리고 새로운 삶의 전환이 된 일이기도 했다. 그렇게 복음 전하는 일에 열중하면서 결국 약국을 정리하기에 이른 것이다.

죽음은 끝이 아닙니다

사람들은 대부분 인간의 죽음을 지극히 자연적이고 정상적인 현상으로 본다. 모든 사람이 죽으니까 죽음을 당연한 것으로 생각하기도 하고, 모든 생명체가 생로병사(生老病死)의 주기로 움직이니까 그런 차원에서 죽음을 바라보기도 한다. 그리고 인간의 죽음을 우주 질서에 공헌하는 윤리 행위로 생각하기도 한다.

그러나 이와는 정반대의 시각이 있다. 바로 기독교적인 죽음관이다. 이런 죽음관을 가지고 있는 사람들은 인간의 죽음을 비정상적이고 비자연적인 현상으로 보고 있다.

그 이유는 첫째, 인간이 하나님의 형상으로 지음 받았다는 사실 때문이다(창세기 1장 26절). 하나님은 영원하시고 스스로 존재하시는 완전한 분으로, 인간이 하나님의 형상대로 지음 받았다는 사실은 인간이 죽음의 씨를 내포하지 않은 채 창조되었다는 것을 의미한다. 또 우주를 창조하신 전능하신 하나님은 인간에게 죽지 않아도 되는 무한한 생명을 주실 능력을 충분히 가지고 계신 분이다(역대상 29장 11-12절).

둘째, 무엇보다 성경이 인간의 죽음을 죄의 결과로 오게 된 비정상적이고 비자연적인 현상이라고 증명하고 있기 때문이다. 인간의 죽음은 필연적으로 귀결되는 시간적인 결과가 아니라 하나님께 순종하지 않은 죄의 대가로 나타난 사건이다(로마서 6장 23절, 에베소서 2장 1절). 따라서 성경은 인간의 죽음을 죄에 대한 적극적인 형벌로 보면서(창세기 2장 17절, 로마서 5장 12절), 하나님의 진노(시편 90편 7, 11절), 심판(로마서 1장 32절), 정죄(로마서 5장 16절), 저주(갈라디아서 3장 13절), 마지막 원수(고린도전서 15장 26절) 등 비자연적이며 적대적인 현상으로 표현하고 있다.

셋째, 모든 사람이 죽음을 두려워하고, 죽음의 과정을 힘들게 맞이하고 있기 때문이다. 만약 죽음이 정상적이고 자연적인 현상이라면 인간이 죽음을 두려워할 이유가 없으며 특별히 죽음 앞에 있는 사람들을 도울 필요도 없을 정도로 그 과정이 쉬울 것이다. 성경은 죽음이 죄로 인해 인간에게 찾아온 비자연적 현상이므로 모든 인간이 죽음을 두려워한다고 말한다(로마서 6장 23절, 히브리서 2장 15절). 그동안 샘물호스피스에서 죽음 앞에 서 계신 분들을 보면 모두 두려움과 고통의 과정 속에서 힘겨워하셨지만 하나님의 은혜로 다가가는 봉사의 손길로 견뎌내셨다.

　예수님은 비자연적이고 비정상적인 인간의 죽음을 궁극적으로 해결하러 이 세상에 오셨다. 예수님이 십자가에서 죽으시는 힘든 과정을 겪으신 것은 죽음이 정상적이고 자연적인 것이 아니라 죄의 결과로 오게 된 것임을 친히 보여주신 것이다. 예수님이 십자가에서 죽으신 것은 인간이 지은 죄의 대가인 죽음을 대신 갚아주시기 위한 위대한 사랑의 행위이고, 예수님이 죽음에 머물러 계시지 않고 부활하신 것은 인간의 죄와 죽음의 문제가 동시에 해결되었다는 사실을 증명하고 있다(요한복음 5장 24절, 로마서 5장 17-19절, 6장 5-9절, 8장 1-2절).

| 2장 |

가슴 뛰는 첫걸음

유학의 길을 접고
확신을 놓지 않고 때를 기다리다
나만의 가슴 설레는 결정
"경찰서인데, 좀 나와 주셔야겠습니다."

유학의 길을 접고

1983년, 나는 마침내 약국을 정리하고 호스피스 사역을 하기로 결심을 굳혔다. 그러나 그 당시 국내에서는 호스피스 관련 제도뿐만 아니라 호스피스병원 시설도 많이 허술했다. 그래서 생각을 해외로 돌려 외국에서 정보를 얻는 것이 훨씬 좋겠다고 판단했다. 그렇게 해서 맨 먼저 살펴본 곳이 호주였다. 다른 나라보다 호주에 호스피스 제도가 잘 되어 있었기 때문이다. 하지만 부모님을 남겨둔 채 내 가족을 데리고 호주로 가서 공부한다는 것이 어디 쉬운 일인가?

고민이 되었지만 많은 생각을 거듭한 끝에 마침내 본격적인 호스피스 사역을 하기 위해 호주 유학을 결심했다. 약국과 집을 모두 처분하고 호주로 유학할 준비를 끝낸 뒤 가족들을 데리고 처가로 들어갔다.

내가 약국을 하면서 복음 전하는 일에 더 열심인 것을 보며 아내도 어느 정도는 짐작했겠지만 막상 약국을 정리하고 호스피스 사역을 하겠다고 하자 무척 당황했다.

"그러면 아이들은 어떻게 키우고, 부모님은 어떻게 모시려고요?"

다시 한 번 생각해 보라며 말렸지만 나는 이미 마음을 정한 상태였다. 결국 아내를 설득할 수밖에 없었다.

"하나님이 기뻐하시는 일을 하려는 거니까 하나님이 책임져 주시지 않겠소? 나쁜 일을 한다는 것도 아닌데 한번 믿고 따라와 줘요."

사실 호스피스 사역을 시작하겠다고 결심하고 처음 이 사실을 가족들에게 밝혔을 때 누구보다 가장 많이 힘들어한 사람은 아내였다.

나의 평생 동역자인 아내를 만난 곳은 하숙집이었다. 흑석동 중앙대 약대에 입학하면서 학교 근처에 하숙집을 정했는데, 그 사람은 바로 하숙집 딸이었다. 그렇게 나와 만난 아내는 약사 남편을 둔 아내로서 그동안 누리던 삶의 기득권을 포기하는 일이 가장 힘들었다고 회상한다.

사재를 몽땅 털어 출발한 만큼 가족 모두가 안락한 생활을 포기하고 무(無)에서 시작해야 했다. 그러나 그동안 누려온 안락함을 내던진다는 게 말처럼 쉽지 않았다. 아이들에게 피아노학원을 그만두게 하고 뭔가 해주고 싶어도 해주지 못한다는 게 사실 부모로서는 가슴이 아팠다.

그런데 이를 어쩌랴! 남편은 이미 물질도 마음도 영혼도 모두 정리를 마치고 호스피스 사역 출발선에 서 있었으니……. 말리기에는 이미 때가 늦어버렸고, 못하겠다고 버틸 수 있는 한계선은 이미 허물어져버렸음을 아내도 인정할 수밖에 없었다.

결국 아내는 내 생각이 바꾸기 힘들 정도로 확고하다는 것을 알고 유학을 허락했다. 그러고는 부모님을 이해시키는 일은 쉽지 않을 거라며 마음 단단히 먹으라고 오히려 격려해 주었다.

아내에게 허락을 얻은 뒤 부모님께 유학을 가겠다는 결심을 밝히자 부모님은 땅이 꺼져라 한숨부터 쉬시더니 완강하게 반대하셨다. 어느 정도 예상은 했지만 반대가 이만저만이 아니었다.

심지어 어머니가 아내를 불러 호주 유학 좀 말려보라고 간곡하게 부탁하기도 하셨다.

"아가야, 애비 좀 말려라."

"어머님, 제가 어떻게요……."

"그런 소리 말고……. 네가 애비한테 호주로 유학 가면 이혼하겠다고 하렴. 그러면 애비가 뜻을 굽히지 않겠냐?"

이렇게 말씀하실 정도로 어머니는 결사적으로 반대하셨다. 돈 잘 버는 약사 막내아들이 안정적인 생활을 포기한다는 그 자체로 실망이 크셨을 것이다. 그 틈바구니에서 아내는 아내대로 얼마나 힘들었겠나.

하기야 약학대학까지 나와 약국을 운영하면서 성공하는가 싶더니 다 버리고 갑자기 먼 나라로 유학을 가겠다고 하는데 어느 부모가 "오냐, 잘 다녀오렴!" 하며 등을 떠밀겠나.

오히려 처가에서는 나서서 반대하지는 않으셨다. 사위를 잘못 얻었다고 후회도 하셨겠지만, 그래도 나를 믿어주셨기 때문이다. 그 덕에 모든 가재도구를 정리하고 가방 몇 개에 호주로 가져갈 짐을 싸서 딸 둘과 함께 처가에 들어가 잠시 머물 수 있었던 것이다.

　약국을 정리하는 것도, 돈 욕심을 포기하는 것도 어렵지 않았지만 부모님의 완강한 만류만은 쉽게 뿌리칠 수 없었다.

　'어떻게 할 것인가……. 강행할 것인가, 포기할 것인가?'

　결정을 내리기까지는 시간이 그리 오래 걸리지 않았다. 이미 연세가 드신 부모님의 뜻을 저버리면서까지 유학을 떠난다는 것은 결코 옳은 일이 아니라는 판단이 들었다. 결국 아쉬움을 뒤로 한 채 나는 호주 유학을 포기했다. 유학을 포기했는데 계속 처가에서 살 수는 없었다. 유학을 떠날 때까지만 잠시 머물기로 하고 들어갔기 때문이다.

　아내와 자녀들을 데리고 다시 처가에서 나와 셋집을 얻어 이사할 때에는 앞이 전혀 보이질 않았다. 그러나 그리 걱정은 되지 않았다. 죽음의 두려움이 없어지니까 어디서든지 다시 시작하며 살 용기가 있었고 복음을 전하고자 하는 열정이 그 모든 상황을 견디게 해준 것이다.

확신을 놓지 않고
때를 기다리다

　유학을 계획하고 약국과 집을 모두 정리해 버렸는데 유학을 포기했으니 당장 가족들의 생계를 위해 국내에서 뭔가 다른 길을 찾아야만 했다. 내가 할 수 있는 일은 역시 약사 일밖에 없었다.
　다행히 약사 일과 관련 있는 의료보험연합회에서 약사를 한 명 뽑는다는 소식을 들었다. 지금은 이름이 건강보험심사평가원으로 바뀐 그곳에 지원서를 내고 얼마 지나지 않아 채용이 결정됐다는 통보를 받았다. 그 후 3년간 나는 그 회사에서 의료보험조사 관련 업무를 보았다.
　그곳에서 내가 맡은 업무는 각 병·의원이 의료보험급여를 제대로 청구하였는지를 서류로 또는 현장에 가서 조사하는 일이었다. 조사를 하면서 의료보험급여를 의도적으로 부정 청구한 사실을 밝혀내고 책임을 물었다. 의료보험급여를 부정 청구한 병·의원에는 벌금을 부과하기도 했는데, 그때만 지나면 더 교묘한 방법으로 또다시 보험급여를 부정 청구하는 사례를 많이 보았다.

 종교기관에서 운영하는 병·의원조차 선한 일을 한다는 명분으로 아무런 죄책감 없이 부정하게 급여를 청구하고 신앙의 얼굴로 덮으려는 모습을 보면서 바른 믿음이 얼마나 중요한지를 생각하게 되었다. 그런 경험을 통해 인간을 근본적으로 변화시킬 수 있는 것은 복음뿐이라는 것을 깨달았다. 또한 지금 샘물호스피스를 투명하게 운영하는 것도 그때의 경험이 크게 작용했다.

 얼마 지나지 않아 직장에서 진급할 기회가 있었지만 나는 새로운 길을 걸어야 했기에 사표를 내기로 결심했다. 직장 동료들은 그렇게 좋은 자리를 포기하고 사표를 내면서까지 새로운 길을 걸어가겠다는 나를 의아한 시선으로 바라보았다. 그러나 정작 나는 아무런 미련이 없었다.

 그곳에서 일했던 3년간 단 한 번도 호스피스 사명을 포기하거나 보류하지 않았다. 호스피스 사역의 열정이 식기는커녕 오히려 마음속에서 끊임없이 불타올랐다.

 가족의 반대로 호주 유학을 포기한 채 잠시 때를 기다리고 있었지만, 내 마음 깊은 곳에서는 하나님이 나를 부르셨다면 결국 가족들도 협조하게 하실 것이고 자식들도 하나님이 책임져 주실 것이라는 확신이 있었다. 이 사역은 가족이 하나 되지 않으면 제대로 할 수 없다는 원칙에 충실히 따르기로 했다. 직장 생활 3년은 어쩌면 가족의 이해를 기다린 기간이었던 셈이다.

사실 직장에 다니는 동안에도 호스피스 사역을 배울 만한 데가 없을까 살피다가 신당동에 있는 장로회신학대학 선교훈련원을 찾았다. 그곳에서 선교훈련 과정을 이수하는 동안 나는 호스피스 선교 사역의 사명을 재확인하면서 의지를 다져나갔다. 비록 부모님의 반대로 유학길은 막혔지만 때를 기다리는 마음으로 선교훈련원을 열심히 다녔다.

그곳에 다니면서 복음이라는 눈으로 지구촌 전체를 바라보는 큰마음을 갖게 되었다. 그때 받은 선교훈련이 지금 네팔과 브라질 등 지구촌 곳곳으로 호스피스 사역을 넓혀가려는 비전을 이루는 데 큰 도움이 되고 있다.

선교훈련원을 다니다 보니 좀 더 학문적으로 깊이 들어가고 싶다는 생각이 들었다. 그러려면 직장을 그만두고 신학대학원에 들어가서 호스피스 사역을 신학적으로 체계화하는 길밖에 없었다. 가족의 생계를 책임져야 한다는 부담이 있긴 했지만 신앙에 의지하여 내려놓을 수 있었다. 하나님께 명령을 받은 까마귀에게서 아침저녁으로 음식을 받아먹고 강물을 마시면서 살아간 성경 인물 엘리야처럼 드디어 내 안에서도 그런 능력의 하나님을 발견했기 때문이다.

일단 신학대학원에 진학하기로 마음을 정하고 부모님과 가족들에게 그런 내 뜻을 내보였다. 다행히 이번에는 그렇게 반대하지 않았다. 호주 유학을 포기한 뒤 짐과 가재도구를 모두 정리하고 처가에 들어가 살면서 기다리는 동안, 그리고 직장에 다니던 3년 동안 하나님이 가족의 마음을 움직여주신 것이다.

　지금까지 부모님과 아내, 두 딸, 장인어른, 장모님, 가족들 모두는 나의 동역자로서 나를 지지하고 격려하고 후원해 주었다. 나는 우리 가족이 앞으로도 그렇게 해줄 것이라 믿는다. 이는 모두 나의 노력이 아닌 하나님의 능력과 도우심 안에서 이뤄진 것임을 나는 믿는다. 하나님이 직접 하신 일이다.

나만의
가슴 설레는 결정

약사로 활동하다가 36살 늦은 나이에 신학대학원에 들어가자 처음 만나는 교수들마다 이런 질문을 해오셨다.

"왜 이 학교에 오셨어요?"

"호스피스 사역에 사명이 있는데, 그쪽 관련 신학 공부 좀 하려고 왔습니다."

"아, 그래요? 그런데 호스피스 사역이라면……?"

"좀 생소하시죠? 호스피스 사역은 치료될 수 없는 질병으로 죽음이 임박한 말기 암 환우들을 돌보는 활동입니다. 말기 암 환우들은 육체적인 고통으로도 힘들어하지만 그분들에게 가장 시급한 것은 복음을 듣는 것이기 때문에 전문적으로 신학을 공부하러 왔습니다."

내 설명에 교수들은 그리 반가워하지 않는 눈치였다. 하기야 "죽음을 앞둔 말기 암 환우와 가족을 신체적, 심리적, 영적으로 돌보는 프로그램"인 호스피스 사역이 생소하기만 했을 그 시절엔 어쩌면 그런 반응이 당연한 일이었을지 모른다. 우리나라에 호스피스가 본격적으로 소개된 때가 1988년이었으니까 말이다.

신학대학원에 다니는 동안 학비는 서울영동교회에서 지원받았다. 서울영동교회와의 인연은 내가 폐결핵을 앓던 약국 운영 시절로 거슬러 올라간다. 성경을 읽다가 히브리서 2장 15절에 큰 감동을 받은 나는 교회에 나가기 시작했다. 처음에 다닌 교회는 영등포 지역에 있는 집 근처 교회였는데, 새신자로 등록하지 않고 나가서 예배에만 참석했다.

그러던 중 1983년 신년 초, 우연히 텔레비전에서 손봉호 교수님의 신학 관련 강의를 시청하게 되었다. 기독교시민운동에 앞장서고 계시며 현재 서울대학교 명예교수이신 그분은 강의에서 복음의 핵심을 전하고 계셨다. 인간은 아무리 고상한 삶을 살아도 죄인이며 하나님께 구원받지 않으면 별수 없는 인간일 뿐이라는 말이 내가 알고 있는 복음과 일치했다.

그분의 강의를 한참 듣다 보니 그분 앞에서 직접 강의를 듣고 싶은 마음이 생겼다. 그래서 찾아간 곳이 서울영동교회다. 그 뒤 손봉호 교수님의 책과 설교에 심취했고, 손 교수님의 신학과 신앙에 영향을 받아 누가회 의료봉사팀에 합류해 봉사를 다니기 시작했다.

그렇게 해서 평신도였던 내가 신학대학원에 들어가고 나서는 서울영동교회에서 교육전도사로 봉사하게 되었고, 3년 뒤에는 한영교회로 옮겨 개척 전도사로 사역하게 되었다.

당시 한영교회는 학교 건물을 빌려 예배당으로 사용하는 교회, 이른바 스쿨처치(school church)였다. 스쿨처치는 하나님을 믿는 "성도"가 "성전"인데도 오히려 "예배당 건물"을 거룩하게 여기는 잘못된 모습을 고칠 수 있는 바람직한 교회 형태였다. 평소 나는 예배당을 성전으로 여기는 관행에 부정적이었는데, 한영교회는 이런 내 생각과 맞아떨어지는 형태의 교회였던 것이다.

예배를 드리기 위해 화려하고 큰 건물을 지으려면 많은 비용을 감수해야 한다. 또한 그 건물을 유지하고 관리하려면 지속적으로 비용이 들어간다. 그러나 일요일에는 사용하지 않는 공공건물을 빌려 예배당으로 사용한다면 건축비는 물론이고 유지 관리 비용까지 절감할 수 있다. 게다가 그런 비용을 유용하게 활용할 수 있다는 이점도 있다. 그 당시 한영교회에서 빌려 사용한 학교가 바로 한영외국어고등학교였다.

평일에는 일반 학생들이 수업하는 교실이기 때문에 처음에는 일요일에만 예배를 드렸다. 그래서 일요일이면 교인들이 오기 전에 학생들이 사용하는 의자를 치우고 예배용 장의자를 배치해야 했는데 아내와 딸들이 이 일을 맡아 했다.

학교 건물을 빌려서 예배를 드리기 때문에 당연히 일반 교회보다 운영비용이 덜 들었다. 그렇게 해서 절감한 비용은 장학금이나 구제활동에 사용했다. 학교 건물 사용료도 장학금으로 대체했다.

더불어 영세민 자선 약국인 샘물약국을 운영하면서 전도가 활발히 이뤄져 교인 수도 늘어났다. 그렇게 되자 일부 교인들은 내가 목사 안수를 받아도 다른 사역지로 나가지 말고 그대로 교회에 머물기를 바라기도 했다. 하지만 그때까지 나는 단 한 번도 호스피스 사역의 사명을 잊은 적이 없었다.

마흔둘에 받은 목사 안수는 호스피스 사역을 시작할 중요한 전환점이 되었다. 목사가 되면 본격적으로 호스피스 사역에 뛰어들겠다고 결심했기 때문이다. 그래서 교회에는 호스피스 사역을 해야 하기 때문에 사직을 하겠다는 의사를 밝혔다.

그러자 손봉호 교수님이 내게 영국 유학을 제안하셨다. 그러면서 사역을 바로 시작하기보다는 먼저 해외에 나가서 호스피스 관련 공부를 하는 것이 안목을 넓히는 데 좋을 것이라고 조언해 주셨다. 나 역시 유학을 가고 싶었지만 호주 유학이 막힌 것은 하나님이 하신 일이라고 생각했던 경험도 있고 해서 그 제안을 정중히 사양했다. 나이도 이미 40대에 들어섰으며 학자의 길보다는 죽음에 임박한 사람들에게 복음을 전하는 사역이 나의 길이라고 마음을 정했기 때문이다.

또 학문적인 영역을 보완하는 데 집중하기보다 실천적인 현장 사역에 집중하는 것이 더 효과적이라고 판단했기 때문이기도 하다. 게다가 실제로 외국의 호스피스는 복음이 아닌 사회복지 차원에서 이뤄지는 경우가 많기 때문에 그 정도 수준은 국내에서도 충분히 보완하고 배울 수 있다고 판단했다.

한영교회 사역과 영국 유학 기회를 동시에 접으면서 호스피스 사역을 시작하려는 내 결심은 더욱 굳어졌다. 그리고 유학을 가서 배우는 대신 세브란스병원에서 가정방문 호스피스 프로그램을 배우기로 했다. 그렇게 나는 호스피스 사역의 첫발을 내디딜 수 있었다.

호스피스 사역의 출발! 그것은 누구도 쉽게 이해하기 어려운, 나만의 가슴 뛰는 결정이었다.

> "경찰서인데,
> 좀 나와 주셔야겠습니다."

    한영교회에서 사역하는 동안 나는 교회와 연계하여 구제활동에 나섰다. 약사로서 약국을 경영한 경험을 살려 가장 먼저 시도한 것이 바로 영세민 자선 약국인 샘물약국이었다. 손봉호 교수님이 약국 이름을 "샘물약국"으로 지으시면서 처음으로 "샘물"이란 용어를 사용했다. 이 이름에는 복음을 전하며 영생의 샘물, 사랑의 샘물이 끊임없이 솟아나는 약국이 되라는 의미가 담겨 있어 이름이 마음에 들었다.

    샘물약국을 운영하던 시절에 가난한 사람을 가장 많이 만났다. 제약회사에서 직접 약을 저렴하게 구입해 와서 무료로 나눠줬기 때문에 국민기초생활수급자를 비롯해 노숙인과 행려병자가 많이 찾아왔다. 간단한 치료조차 받기 어려운 그들에게 무료로 약을 제공하는 이 약국이 그들에게 사랑의 샘물이 되길 바라는 마음이 간절했다.

    그러던 어느 날, 한밤중에 경찰서에서 연락이 왔다.

"여기 청량리경찰서인데 좀 나와 주셔야겠습니다."

대충 짐작이 갔다. 경찰서에서 연락을 받은 일이 이번이 처음은 아니었기 때문이다. 또 누군가 내 도움이 필요한 사람이 나를 보호자라고 진술했겠지. 나를 보호자라고 진술할 만한 사람이 누굴지 떠올리며 대충 옷을 추슬러 입었다. 심장이 약한 아내는 두근거리는 가슴을 쓸어내리며 걱정스러워하는 얼굴로 경찰서로 향하는 나를 배웅했다.

경찰서에 들어서 보니 어이없는 장면이 눈앞에 펼쳐졌다. 술을 얼마나 퍼 마셨는지 눈은 풀릴 대로 다 풀리고, 심하게 난동을 부렸는지 포승에 꽁꽁 묶인 한 남자가 눈에 들어왔다.

"어이, 목사 왔어?"

'도대체 무슨 이런 사람이 다 있어……'

기가 막혔다. 바로 돌아 나오고 싶은 마음을 겨우 참고 다가갔다. 그 남자는 전부터 우리 약국에 자주 찾아오던 사람이었다. 초췌한 몰골로 우리 약국에 처음 와서는 좀 도와달라며 볼펜을 내밀던 그의 모습이 머리를 스쳤다. 몸이 너무 안 좋아 보여 돈도 좀 주고 약도 준 것이 계기가 되어 그는 샘물약국에 자주 드나들기 시작했다.

"이 사람, 왜 여기 있어요?"

"신고를 받고 출동해 보니 이 아저씨가 술에 취해 지하철에서 행패를 부리며 유리창을 마구 깨고 있었습니다."

앞뒤 사정을 듣고 있자니 서운한 마음이 앞섰다. 참다못해 버럭 한마디 던졌다.

"몸이 많이 안 좋아 보여서 안타까운 마음에 약도 주고 돈까지 줬더니만……."

"목사님, 나 좀 여기서 한 번만 꺼내주쇼!"

그제야 정신이 좀 드는지 나를 "목사님"이라고 불렀다.

"아니요! 당신 같은 사람은 꺼내주고 싶지 않아요. 이 사람, 법대로 처리해 버려요!"

경찰관에게 이렇게 말하곤 짐짓 나오는 척하면서 몸을 돌렸다.

"목사님……, 한 번만요!"

등은 돌렸지만 매달리다시피 하는 그 사람을 끝까지 외면할 수는 없었다. 달리 방법을 찾을 수도 없었다. 하는 수 없이 그 사람이 파손한 유리창 값을 대신 물어주고 그가 풀려나도록 도와주었다.

며칠 후 한 번 더 속아보자는 심정으로 그가 자립할 수 있도록 도와주기로 마음먹었다. 앞으로는 제대로 좀 살아보라며 종로구 낙산 지역에 50만 원짜리 셋집을 얻어주고, 냉장고와 텔레비전은 물론 자질구레한 가재도구까지 갖춰줬다. 그런데…… 기대한 내가 어리석었던 걸까?

그는 끝내 나를 배신하고 말았다. 며칠이 지나지 않아 내가 마련해준 가재도구를 몽땅 팔아먹고 도망가 버렸으니까. 배신감이 들면서도 이해하기 힘든 안타까움으로 가슴이 먹먹했다.

'이런 사람들은 다 이렇게 사는 걸까……?'

이들은 종종 내게 이런저런 실망을 많이 안겨주었다. 포장된 약을 주면 팔아먹지를 않나, 돈을 주면 술을 사 마시고 행패를 부리다 경찰서에 잡혀가질 않나……. 기가 막히는 일이 한두 가지가 아니었다. 그런 일이 빈번해지자 아예 영수증을 가져오면 돈을 준다는 원칙까지 만들었다.

한번은 샘물약국의 봉사활동이 언론에 조금씩 보도되자 후원금이 많이 들어오는 줄 알고 행려병자나 노숙인들이 찾아와 다짜고짜 돈을 내놓으라며 떼를 쓴 일도 있었다. 자신들을 이용해서 후원 받은 돈이니까 당연히 자기들과 나눠 가져야 한다면서……. 참, 어처구니가 없었다. 억지를 쓰다가 뜻을 이루지 못하고 집까지 찾아와 행패를 부릴 때는 할 말을 잃었다.

그런 일들을 겪으며 가난한 사람들의 생리를 어느 정도는 파악할 수 있었다. 또한 봉사한다는 것은 감정으로만 되는 게 아니며 이성적인 판단이 필요하다는 것도 배웠다.

아내는 가끔 그 당시를 떠올리며 쓴웃음을 짓는다.

"그땐 젊었을 때라 무섭기도 해서 마음이 두 근 반 세 근 반, 모두 여섯 근이었어요."

:: 교회와 연계하여 영세민 자선 약국인 샘물약국을 운영할 때 가난한 사람을 가장 많이 만났다. 가난하고 어려운 사람들에게 무료로 약을 제공한 샘물약국은 샘물호스피스선교회의 또 다른 시작점이었다.

> 호스피스 대상자를 배려해 주세요

 2004년 12월, 샘물호스피스에 말기 췌장암 환우 한 분이 들어오셨다. 그분은 담도(쓸갯길)가 막혀 있어서 고열이 나고 통증이 심해 쓸개즙을 외부로 빼내는 호스를 달고 있었다. 그런데 하루는 목욕을 하다가 그만 호스가 빠져버렸다. 호스를 다시 삽입하려면 초음파 모니터를 보면서 방사선과 전문의에게 도움을 받아야 했다.

 우리는 샘물호스피스 자문의사의 병원으로 급히 옮겨 시술할 계획을 세웠다. 그러나 가족들이 원래 시술했던 병원으로 가는 것이 더 좋겠다고 해서 그 병원 응급실로 모시고 갔다. 서울에서 응급실에 환자가 가장 많이 몰린다는 4대 병원 중 하나인 A병원이었다. 어느 정도 예상은 했지만 응급실은 상상을 초월할 만큼 많은 환자와 가족, 의료진으로 초만원이었다. 전쟁터의 야전병원이 따로 없었다.

 우리는 병원에서 마련해 준 이동침대에 환우를 눕히고 벽 쪽에 겨우 자리를 잡고 나서 응급실 의사에게 상황을 설명했다.

 "이분은 호스피스 입원 환자로 호스피스 시설에 있다가 쓸개즙을 빼내는 호스가 빠져 다시 삽입하려고 왔습니다. 이 병원에서 치료받았고 시술도 이곳에서 했기 때문에 치료기록이나 엑스선 촬영 필름, 검사기록지도 모두 여기 있을 것입니다."

 그렇게 이야기하면 의사가 바로 조치를 취해서 환우를 샘물에 바로 모시고 돌아올 수 있으리라고 기대했다. 그런데 이게 웬일인가!

 "응급실에 오시면 기본적인 검사를 또 해야 합니다. 검사 결과가 나오는 시간은 대략 2시간이고, 결과가 나오면 그때 담당의사가 스케줄을 확인해 시술 시기를 결정하실 것입니다. 시술 시기가 언제가 될지는 정확하게 말씀드리기 어렵습니다. 지금은 이미 오후라 오늘은 어렵고, 내일도 확실히 모르겠습니다. 길게는 일주일 정도 응급실에 계실 수 있습니다."

 어처구니없고 당황스럽기도 해서 다시 설명했다.

 "저는 호스피스 일을 하는 사람이고 이분은 호스피스 환자입니다. 그런 검사를 다시 하지 않아도 시술할 수 있지 않을까요?"

"상황은 충분히 이해하겠는데요, 저로서는 그런 절차를 밟지 않을 수 없습니다."

이 답변만 남기고 응급실 의사는 다른 환자를 보기 위해 분주하게 움직였다.

응급실에서 대기하는 시간이 길어질수록 환우와 가족들만 힘들겠다는 생각에 샘물의 자문의사에게 전화를 걸어 도움을 청했다. 그분이 두 번이나 전화를 걸어 응급실 당직의사에게 자세히 설명했지만 역시 상황은 변하지 않았다.

결국 그 환우는 그날 밤 늦게 샘물 자문의사의 병원으로 다시 옮겨갔고 다음 날 아침 특별한 검사를 받지 않고도 무사히 호스 삽입 시술을 마치고 샘물로 돌아올 수 있었다.

호스피스 대상임을 알고도 무의미한 의료행위를 계속하는 것은 국민건강보험료를 낭비하는 행위다. 그런 무의미한 의료행위를 계속하는 것은 비효율적이며 시간과 에너지를 낭비하는 일이다. 환우와 가족들, 그리고 호스피스 봉사자들만 지치게 할 뿐이다.

말기 암 환우의 상태는 늘 변하기 때문에 가정과 호스피스 전문시설, 첨단 의술과 의료장비가 활용될 수 있는 종합병원이 서로 긴밀한 협조체제를 갖추어 호스피스 대상자들의 삶이 평안하게 유지될 수 있는 시스템이 필요하다. 이것이 호스피스 대상자들에 대한 최소한의 사회적 배려다.

이 세상에서의 마지막 시간을 힘겹게 보내고 있는 가장 연약한 이들을 내 몸같이 사랑하고 인간답게 섬기는 사회로 만들어가는 것은 이 시대를 살아가는 우리 모두의 책임이다.

| 3장 |

샘물에 가면
발걸음이 가볍다

이곳은 샘물의 집
첫 발을 내디딘 땅 가창리
첫 환우와 첫 봉사자, 그리고 첫 기증자
"우리 동네는 안 됩니다!"
초석도 놓지 못한 땅 근창리
약속의 땅 고안리

이곳은 샘물의 집

　조선시대, 어느 피부병 환자가 경상도 문경의 새재를 넘어 충청도 충주 부근에 도착했다. 그는 그곳에 머물면서 낮에는 문전걸식을 하고 밤에는 논바닥에 볏짚을 깔고 잠을 잤다.
　하루는 볏짚이 촉촉하게 젖었기에 살펴보니 땅속에서 따뜻한 물이 계속 솟아나오고 있었다. 물이 깨끗하고 따뜻해 세수도 하고 마시기도 했으며 그 물로 밥을 짓기도 했다. 그러자 신기하게도 배 속이 편해지고 피부병이 점점 회복돼 가고 있는 걸 알게 됐다. 그리고 얼마 지나지 않아 피부병이 깨끗이 나았다.
　충청도 충주에 있는 수안보온천이 시작된 내력이다. 지금도 피부에 좋다는 이유로 많은 사람이 이곳에서 온천욕을 즐긴다.

＊＊＊

　경기도 용인시 처인구 백암면 고안리에 위치한 샘물호스피스. 이곳에도 물이 솟아난다. 그런데 온천수가 아니라 "샘물"이다.

샘물 입구에 들어서서 정면으로 건물 측면 벽을 올려다보면 "샘물호스피스병원-샘물의 집"이라고 쓰인 간판이 눈에 들어온다. 안내 입간판을 끼고 왼쪽으로 굽은 길을 따라 올라가면 오른쪽에 "샘물동산"이라고 새겨진 머릿돌이 나타난다. 머릿돌 아랫부분에는 성경말씀이 받치고 있다.

"너는 흙이니 흙으로 돌아갈 것이니라"(창세기 3장 19절).

머릿돌을 지나쳐 올라가면 사무실 입구에 닿는다. 입구에 들어서면 실내화도 필요 없을 만큼 깨끗한 바닥이 펼쳐지고, 맨발로 걸어 좌측으로 돌면 깔끔하게 정돈된 관리 사무실이 손님을 맞는다. 사무실 맞은편 목양실과 상담실에서 직원들이 환우들과 가족들을 편안하게 모시고 있다.

반대편 통로를 따라 걸어가면 조금 넓은 길쭉한 공간이 나타난다. 영락홀이다. 이곳에서 우리는 날마다 하루에 두 번씩 함께 예배를 드린다. 영락홀을 중심으로 환우들이 입원해 있는 믿음, 소망, 사랑, 평안실이 부채 모양으로 나뉘어 있다.

영락홀에서 다시 돌아 나오면 왼쪽으로 은혜관이 보인다. 은혜관에는 임종 후에 장례식장으로 옮기기 전 임시로 시신을 안치하는 냉동실이 있다. 생활이 어려워 장례를 치르기 힘든 가족들은 이곳에서 간소하게 장례식을 치르기도 한다.

현재의 샘물은 2002년에 건물 신축 착공예배를 드렸다. 이듬해에는 자유관을 지어 그곳으로 병원을 이전했고, 기존에 예배를 드리고 장례를 치르는 공간으로 사용되던 은혜관을 리모델링했다. 그동안 환우들이 생활하던 건물도 봉사자를 교육하고 호스피스 팀 지도자를 양성할 교육관으로 리모델링했다.

고안리 주민들의 협조로 터를 잡은 샘물은 이제 뿌리를 내리고 영역을 넓혀가고 있다. 치료를 중단하고 입원한 말기 암 환우들을 호스피스 전문 의사, 간호사, 봉사자들이 현대적인 시설에서 돌보고 있다.

몇 년 전 아시아태평양 지역 호스피스 관련자들이 샘물을 방문한 적이 있다. 그들은 도착하자마자 모두 하나같이 놀라워했다. 40병상의 규모 있는 호스피스 시설에 놀라고, 밝은 분위기에 놀라고, 무료 진료에 놀랐다. 외국 호스피스 시설처럼 가라앉은 우울한 분위기, 두려움이나 슬픔의 분위기가 없는 샘물의 모습을 보고 무척 경이로워했다.

샘물에는 늘 말기 암 환자 50-60명이 입원을 기다리고 있다. 그들은 날마다 전화기를 만지작거리며 "오늘은 샘물에서 연락이 오겠지" 하고 간절히 기다리고 있는지도 모른다. "쉼터" 건립은 그런 분들을 적시에 돕기 위해 기도하면서 시작한 건축이다.

샘물 바로 옆에서 이미 공사가 시작된 쉼터 시설용지도 매매계약이 쉽게 이루어진 것은 아니다. 어느 날 땅 주인이 찾아와 만약 샘물에서 그 땅을 사지 않으면 뭔가를 지을 거라고, 그렇게 하면 샘물 운영에 방해가 될지도 모른다고 으름장을 놓는 바람에 어쩔 수 없이 계약하게 된 것이다.

2009년 12월 24일, 은행에서 9억 원을 융자 받고 자체 예산 일부를 보태 19,835m²(약 6,000평)의 땅을 구입했다. 그 땅을 살 때는 집을 지을 수 없는 땅이었는데 땅을 사고 나서 집을 지을 수 있도록 용도가 변경되었다. 아마 그 이후 땅값이 좀 올랐을지도 모르겠다.

우선 3,300m²(1,000평)에 터를 닦고 건물을 세울 계획을 세웠다. 땅을 구입할 때 받은 융자는 다 갚긴 했지만 건축비는 아직 확보하지 못한 형편에서 일단 믿음으로 건축을 시작한 것이다. 땅을 구입하고 용도를 변경하기까지 일련의 과정을 겪으며 하나님이 이 땅을 허락하셨고 이곳에서 사역하기를 원하신다는 확신이 들었다.

2012년 8월 29일, 건축을 시작하면서 1계좌에 100만 원씩, 4,000계좌 모금 캠페인을 조심스럽게 시작했다. 하나님이 원하시고 기뻐하시는 일이라면 채워주시리라 믿는다. 또한 순리에 따라 완공되리라 믿는다. 믿고 기도하고 있다.

쉼터 뒤편에는 자연수목장 시설도 마련할 계획이다. 이제 1층 골조 공사를 마친 환우들의 새 보금자리 "쉼터"가 완공되면 환우들과 가족들이 편히 쉴 수 있는 공간이 될 것이다. 더불어 샘물은 더 많은 환우들의 하늘나라 여행을 돕게 될 것이다.

* * *

처음 이곳에 들르는 사람의 발걸음 무게는 아마도 천근만근일지도 모른다. 죽음에 가장 가까이 다가선 말기 환우를 돌보는 호스피스병원이기에 그럴 만도 하다. 하지만 나갈 때의 발걸음은 새털처럼 가벼워질 것이다. 왜 그런지는 와 보면 알게 된다.

어느 병실, 하얀 침대에 누워계신 연세가 지긋한 환우. 곁에는 그분의 부인이 맑은 얼굴로 지키고 있다. 환우는 줄곧 싱글벙글거린다.

"김영수 님, 표정이 참 밝으시네요. 무슨 좋은 일이라도 있으세요?"

"있고말고요."

남편 대신 부인이 대답하신다.

"곧 하늘나라 간다고 저러잖아요. 며칠 전부터 저래요, 글쎄."

샘물호스피스에 오면 이런 분들을 만날 수 있다. 그래서 샘물을 들렀다 돌아가는 발걸음은 새털이 된다고 한 것이다. 발걸음이 무척 가벼워진다.

샘물에서는 이런 특별한 광경을 매일 목격할 수 있다. 환우 대부분이 복음을 듣고 평안을 얻고 나서 자신이 그토록 가고 싶어한 곳으로 기쁨의 여행을 떠난다. 이곳에 오면 떠날 준비를 잘 마치고 사랑의 인사를 주고받으며 행복하게 보내는 모습과 행복하게 떠나는 모습을 수도 없이 볼 수 있다. 살아가는 동안 서로를 사랑하는 마음은 떠나는 순간에도, 그리고 떠난 뒤에도 멈추지 않는다.

1993년 개원한 이래 지금까지 말기 암 환우 5,600여 명이 이곳을 거쳐 갔다. 샘물에는 회복이 불가능해서 더 이상 연명 치료가 무의미하다고 판명 난 말기 암 환우들이 입원해 있다. 그리고 전문 의료진과 자원봉사자 교육을 수료한 노련한 봉사자들이 하나님의 사랑으로 이들을 보살피고 있다. 약 1만 6,000명이 이곳에서 호스피스 봉사자 교육을 수료했고 현재 한 달 평균 700-800명이 봉사하고 있다.

일반적으로 정의하는 호스피스란 환우와 그 가족들을 신체적, 정신적, 사회적, 영적으로 지지하고 돌보는 행위이지만 국내외 대부분의 호스피스 기관에서는 신체적, 정신적, 사회적 돌봄에만 주력하고 영적 지지와 돌봄은 소홀한 편이다. 한마디로 고통 없이 편안하게 생을 마감하도록 돌보는 데 그친다고 보면 된다. 편안하게 가시도록……. 그런데 어디로?

기독교 호스피스에서는 죽음이 끝이 아니며 더 좋은 세상인 천국이 기다리고 있고, 그곳에서 죽음의 고통 없이 영원히 살게 된다는 죽음 너머의 희망을 보여준다. 하지만 기독교 이외의 호스피스에서는 죽음 이후를 절망적으로 무섭게 보여주고 있다. 죽음 이후는 아무것도 없다든지, 죽음으로 모든 것이 끝난다든지, 사람이 죽으면 귀신과 같은 무서운 존재가 되어 떠돌아다닌다든지, 다른 피조물로 변한다는 식으로 가르친다.

샘물에서는 희망이 담긴 기독교적 죽음관으로 두려움 없이 죽음을 준비할 수 있도록 영적 돌봄에 주력하고 있다. 죽음을 끝이라고 여겨 죽음을 두려워하는 환우들이 믿음으로, 말씀으로, 기도로 평안을 얻고 죽음을 맞이하도록 지지하고 격려한다.

한 예로 샘물에서는 매일 오전 9시 반이 되면 직원 20여 명이 사무실 바닥에 가지런히 앉아 예배를 드린다. 찬송가를 부르고, 돌아가며 성경을 읽고, 모두가 함께 환우들을 위해 뜨겁고 간절하게 기도하는 모습은 그들뿐만 아니라 지켜보는 이에게도 은혜가 된다.

그렇다고 신체적, 정신적, 사회적 보살핌을 결코 소홀히 하지 않는다. 샘물에서는 의사, 간호사, 사회복지사를 비롯한 전문 봉사자들이 24시간 대기하며 환우들이 고통 없이 편안하게 지내도록 배려하고 있다.

"만일 땅에 있는 우리의 장막 집이 무너지면 하나님께서 지으신 집 곧 손으로 지은 것이 아니요 하늘에 있는 영원한 집이 우리에게 있는 줄 아느니라"(고린도후서 5장 1절).

첫 발을 내디딘 땅
가창리

1993년 6월 10일. 이날은 지금의 "샘물호스피스"가 태동된 역사적인 날이다. 1983년 희미하게 마음에서 피어난 호스피스 사역의 실체가 눈앞에 분명하게 보이기까지 딱 10년이 걸린 셈이다.

나는 그 당시 섬기던 한영교회를 사임하고 호스피스 사역으로 걸음을 재촉했다. 호스피스 사역은 샘물호스피스선교회가 결성되면서 어렵사리 첫 발을 내디뎠다. 샘물호스피스선교회는 가창리 땅을 사용할 수 있도록 허락하신 정진우 장로님과 나의 손위 처남을 비롯해 가족과 교회 지인들이 참여하여 결성되었다. 특히 실행위원으로 참여하신 분들은 꼬리에 꼬리를 물고 함께하게 되었다.

당시 사랑의교회 호스피스 사역을 감당하고 계시던 박남규 목사님이 같은 교회에 다니는 교인 한 분을 소개했다. 호스피스 사역에 관심이 많았던 그분은 건강식품 사업체인 서해식품의 김수경 회장이었다. 그분이 교육분과를 맡으시고, 김수경 회장의 사업파트너인 원종익 님이 홍보분과를, 박창근 장로님이 영농분과를 맡으셨다. 또 원종익 님이 소개한 의사 최진옥 님이 심사분과를, 최진옥 님과 함께 병원에서 일을 하시다가 당시 쉬고 계시던 윤은호 님이 기획분과를 맡으셨다. 이렇게 해서 정진우 장로님과 손위 처남인 한성태 님을 포함하여 모두 7명이 첫 실행위원으로 뜻을 함께했다.

"내가 주는 물을 마시는 자는 영원히 목마르지 아니하리니 내가 주는 물은 그 속에서 영생하도록 솟아나는 샘물이 되리라"(요한복음 4장 14절).

이 성경 말씀에서 "샘물"을 따와 선교회 이름을 "샘물호스피스선교회"라고 지었다. 우리는 이 선교회의 사역이 하나님께 크게 영광 돌릴 수 있기를 소망하면서 기도로 출발했다.

처음으로 선교회를 운영할 후원금을 모금했을 때, 첫 달에 들어온 후원금은 모두 437,000원이었다. 초기 비용을 지출하고 이월한 금액은 겨우 65,650원! 그 금액을 씨앗으로 30배, 60배, 100배의 결실을 기도하면서 기다리기로 했다.

입출금 내역은 사역 첫 달부터 월간 소식지 "샘물호스피스"에 게재해 공개했는데, 지금도 매달 소식지에 재정 입출금을 공개하는 것이 관례가 됐다. 공적인 돈은 공개하지 않으면 검은돈이 된다. 그런 문제를 피하는 데는 재정 현황을 공개하는 것이 가장 좋은 방법이다.

샘물호스피스선교회가 결성되기까지는 정진우 장로님, 그분의 헌신과 봉사가 큰 밑거름이 됐다. 그분을 언급하지 않고는 샘물호스피스를 이야기할 수 없을 정도다. 그분의 배려가 없었다면 아마 샘물은 시작하지도 못했을 것이다.

선교회 회원으로 기꺼이 참여하신 정 장로님은 용인시 가창리 "청록원"에 있는 농가주택을 선뜻 무상으로 빌려주셨다. 정진우 장로님은 서울영동교회에서 신앙생활을 하며 주일학교 교사를 할 때 내가 부장님으로 섬기던 분으로 우리 아이들에게는 큰아버지와 같은 분이다.

샘물의 최초 머릿돌을 놓을 수 있도록 정 장로님이 헌신적으로 주선하신 일은 그저 시작에 불과했다. 정 장로님의 섬김은 그분이 천국으로 이사하신 2011년 12월 13일까지 18년 넘게 계속됐다.

정진우 장로님이 빌려주신 농가는 차도에서 비포장 논길로 들어서서 조금 들어간 곳에 위치했다. 얼핏 보기에는 호스피스 시설로 사용하기에 어렵다고 판단될 만큼 허술한 집이었다.

주변은 대부분 논이고 맞은편에는 비교적 넓은 노천 수영장을 낀 휴양림 "청록원"이 자리 잡고 있었다. 농가 오른쪽에는 빛바랜 공장 건물 하나가 흉물스럽게 붙어 있었다. 농가를 지나쳐 오솔길로 좀 더 올라가면 정진우 장로님 댁이 나오고 농가와 장로님 댁 사이에는 작은 창고 같은 농가 한 채가 눈에 띄었다.

  농가와 주변을 둘러보면서 작은 그림 하나가 머릿속에 그려졌다. 일단 농가는 손질만 잘하면 호스피스 봉사 공간으로 활용할 수 있겠다 싶었고, 작은 창고 같은 농가는 우리 가족이 지낼 살림집으로 활용할 수 있을 것 같았다.

  아직은 말할 수 없이 허술한 그곳에서 일단 호스피스 사역의 초석을 놓기로 결심했다. 겉보기엔 하찮은 시설이었지만 국내 최초로 독립형 시설 호스피스로 자리 잡을 수 있는 터전을 마련한다는 데 의미를 두었다.

  돈이 좀 들더라도 개조해 볼 생각으로 견적을 뽑아보니 제법 큰돈이 필요했다. 하는 수 없이 우리 집을 담보로 잡고 은행에서 돈을 좀 빌려 그 돈으로 주택을 손보기 시작했다. 일단 뼈대만 남기고 다 털어냈다.

  가장 먼저 마련한 공간은 환우를 돌볼 수 있는 병실이었다. 4인실, 3인실, 2인실 방을 하나씩 만들어 놓았다. 이어서 환우들의 식사를 마련해 제공할 주방을 만들고, 화장실도 환우들이 편리하게 사용할 수 있도록 개조했다. 또 환우들을 돌보는 간호사와 자원봉사자를 위한 공간도 마련했다. 마당은 땅을 고르게 다진 뒤 시멘트로 덮었다. 환우들이 휠체어를 타거나 걸어 다니며 쉴 수 있는 공간으로 활용하기 위해서였다.

  마지막으로 정 장로님 소유로 되어 있는 허름한 다른 창고형 농가를 적당히 고쳐서 우리 가족이 거처할 집으로 삼았다. 우리 가족이 함께 음식을 나누고 몸이라도 눕힐 수 있다면 그곳이 어디든 우리에겐 더할 나위 없이 포근한 집이었다.

비록 몸은 고단했어도 마음만은 설렜다. 죽음의 두려움에서 나를 자유롭게 해준 복음, 그 복음이 가장 시급하게 필요한 분들과의 만남이 기대됐으니까. 그 설렘은 새로운 사역에 대한 두려움마저 없애주었다.

가창리에서 농가주택을 호스피스 시설로 개조해 사역을 시작하면서 우리는 정식으로 새로운 건물을 세울 준비를 했다. 그때 서울영동교회 강승주 장로님이 6,000만 원을 후원하셨다. 그 후원금으로 국내에 지은 건물 6개동 중 첫 번째 건물을 완성할 수 있었다. 그리고 그것이 큰 힘이 되어 근창리에 땅을 살 수 있었으며 고안리로 옮겨 정착할 수 있었다.

첫 환우와 첫 봉사자,
그리고 첫 기증자

일반적인 호스피스 봉사자 교육은 죽기 전까지 고통을 줄여주고 삶의 질을 높이는 데만 초점이 맞추어져 있다. 그러나 샘물호스피스는 말기 암 환우들의 고통을 줄여주고 삶의 질을 높이도록 돕는 봉사 교육뿐만 아니라 복음을 통해 죽음 이후의 삶을 소망하도록 하는 데 교육의 초점이 맞추어져 있다.

우리는 호스피스 사역에 앞서 그러한 호스피스 봉사자 교육을 시작했다. 아무래도 환자를 받기 전에 환자를 돌볼 봉사자를 먼저 준비시키는 것이 맞는 것 같았기 때문이다. 그래서 교회와 언론에 봉사자 교육 관련 홍보를 했더니 호스피스 봉사자 교육을 받으려는 사람들이 찾아오기 시작했다.

호스피스 봉사자 교육 과정을 개설하고 드디어 제1기 수료자를 배출했다. 수료자 25명, 샘물에서 낳은 첫 봉사자들이었다. 제2기 교육에도

22명이 참여해 호스피스 봉사자 과정을 이수했다. 2기 봉사자 중에는 지금까지도 샘물에서 봉사하시는 대단한 분이 계시다. 바로 박영옥 님이시다.

그 당시 박영옥 님은 폐질환의 고통에 시달리면서 죽음의 두려움에서 벗어나지 못해 힘들어하고 있었다. 그러던 어느 날, 일간 신문에서 호스피스 봉사자 교육을 한다는 광고를 보고 '이거구나!' 하고 찾아오신 것이다. 그런데 교육을 받으러 와 보니 이전에 신문에서 무료 약국을 운영한다고 소개된 목사가 있었다는 것이다. 그때는 그 기사를 읽으며 '원가로라도 팔지 어떻게 무료로 약을 주지?' 하고 의아하게 생각했었다고 한다.

그 무렵 박영옥 님은 개포동에 살면서 가까운 교회에 다녔다. 하지만 선천성 폐기종 질환을 겪고 있는 그분에게는 기복신앙을 지나치게 강조하고 병 낫기만을 기도하는 교회 분위기가 오히려 맞지 않았다.

그분은 1993년 가을부터 봉사자 교육을 받고 수료하자마자 바로 샘물에서 봉사를 시작했다. 본인 스스로 죽음의 두려움을 극복해 보려고 죽음 준비 교육을 받았으며 그 교육을 마칠 즈음 구원을 확신하게 되었다. 그러한 신앙을 갖게 되면서 박영옥 님은 죽음의 두려움에서 완전히 벗어나 그때부터 지금까지 20년 가까이 변함없이 호스피스 봉사 활동을 하고 계신다. 죽음을 준비하는 교육이 죽음의 두려움을 없애주고 봉사 활동이라는 가치 있는 삶으로 이끌어준 것이다. 분당으로 이사하신 뒤로는 성서교회를 출석하면서 교회에서도 호스피스 사역에 동참하도록 교인들에게 권하고 계신다.

그분은 여전히 죽음의 공포에 사로잡힌 환우들에게 자신의 이야기를 들려주면서 스스로 극복하도록 돕고 싶다고 하신다. 지금도 몸은 아프지만 죽는 날까지 이 길을 걷겠다고 말씀하신다.

시설 개축이 마무리된 1993년 11월, 드디어 샘물을 개원하고 역사적인 1호 환우를 받았다. 그 당시 나는 사랑의교회에서 환우 돌보는 사역을 감당하시는 박남규 목사님과 교제를 하고 있었다. 그 목사님이 한 여성도의 남편을 샘물에 소개하면서 첫 환우를 모시게 된 것이다.

사실 그분은 호스피스가 아닌 단순 요양 개념으로 샘물에 오셨다. 그래서 우리도 호스피스라기보다는 그저 식구 하나 더 늘었다고 생각하고 같이 농사를 지으면서 살기로 마음먹었다. 내가 복음을 듣고 죽음의 문제를 해결했듯이 그분에게도 복음을 전하여 죽음의 두려움을 이기도록 도와드렸다. 또한 의사의 도움을 받아 진통제를 처방해 통증을 조절해 주면서 가족처럼 같이 살았다.

환우가 한 분뿐이었던 만큼 그야말로 최고의 돌봄을 실천할 수 있었다. 우리는 그분이 삶을 잘 마무리하고 떠날 준비를 잘 하시도록 곁에서 도왔다. 때가 되자 평안과 기쁨 가운데 천국으로 이사하시는 그분의 모습을 지켜보고 우리는 그분을 환송하는 천국환송예배를 드렸다. 그분은 아름답게 생을 마감하고 천국에 입성한 샘물의 첫 결실이었다.

그분이 임종하자 바로 또 한 분이 들어오시고……. 샘물의 사역은 그렇게 이어졌다.

사역은 이어졌지만 당시에는 직원이래야 달랑 간호사 두 분과 주방 담당 봉사자 한 분뿐이었으니 늘 일손이 부족할 수밖에 없었다. 그래서 샘물에서 일어나는 거의 모든 일은 아내와 내가 함께 감당해 나갔다. 청소하고 관리하는 일, 식사를 준비하고 간호하는 일, 예배와 장례 등 모든 일을 우리 둘이서 처리했다. 환우들을 돌보느라 밤새 시달리다 임종을 맞게 되면 주민들의 눈을 피해 밤중에 병원 장례식장으로 시신을 이송해야 했기 때문에 밤잠을 포기해야 하는 어려움도 겪었다.

그 당시 아내는 30대의 젊은 나이에 자신의 삶을 호스피스 사역에 고스란히 내놓았다. 그런 아내가 없었다면 아마 가창리 사역은 불가능했을지도 모른다. 모든 걸 포기하고 나와 함께해 준 아내에 대한 고마움은 내가 평생 갚아도 다 갚을 수 없으리라. 다만 하나님이 대신 갚아주시리라 믿는다.

1994년에는 환우 한 분이 떠나시면서 처음으로 세브란스병원 안구은행에 안구를 기증했고, 또 다른 한 분이 연세대 의과대학 해부학교실에 시신을 기증하는 아름다운 나눔의 역사가 이뤄졌다. 그 두 분은 각각 샘물에서 안구와 시신을 기증하신 첫 기증자이다.

이렇게 호스피스가 운영되면서 점점 많은 운영비가 필요해지자 후원금 또한 절실한 상황에 이르렀다. 다행히 한영교회에서 매달 80만 원을 지원해 주었고 서울영동교회와 지인 몇 분이 꾸준히 후원금을 보내 주셨다. 그런 후원금으로 어렵사리 시설을 운영하고 가정을 꾸려나갈 수 있었다.

그러다 보니 지인 중에는 조만간 포기하고 돌아올 거라고, 망해서 깡통 차고 돌아올 거라고 이야기하는 사람들도 있었다. 그런 말들 속에서도 나는 길이 보이지는 않았지만 하나님이 하라고 하시는 데까지만 한다는 마음으로 뒤돌아보지 않고 앞으로만 걸어갔다.

"우리 동네는 안 됩니다!"

좋은 시절에 느닷없이 어려움이 닥치는 것은 아주 흔한 일이다. 샘물호스피스라고 해서 예외는 아니었다. 바로 마을 주민들의 극심한 반대에 부딪친 것이다. 이른바 "내 땅에서는 안 된다"는 식의 님비 현상(NIMBY : Not In My Back Yard, 혐오시설이 필요하다는 것은 알지만 자기 지역에 들어오는 것을 반대하는 일)이었다. 문제는 호스피스 사역이 텔레비전에 공개되면서 느닷없이 불거졌다.

사실 처음에는 가창리에 샘물호스피스가 있다는 사실조차 아는 사람이 거의 없었다. MBC TV 프로그램 "시사매거진 2580"에서 처음으로 선진국 수준의 호스피스 사역이 한국에서도 이뤄진다는 내용을 방영하기 전까지는 말이다. 그 프로그램에서는 샘물을 하나의 모델로 소개했고, 소개하는 내용 중에 시신을 들것으로 옮기는 장면이 텔레비전 화면에 잡혔다. 그런데 아뿔싸! 그게 화근이 될 줄이야!

다음 날 아침 눈을 떴을 때 우리는 깜짝 놀랐다. 주민들이 몰려와 진입로 입구를 농기계로 막고 농성을 벌이기 시작한 것이다. 주민들은 분개했다.

"이곳에는 죽는 사람이 많기 때문에 귀신이 우글거린다."

"원 목사는 장기와 시신을 팔아먹는 장사꾼이다."

"암 환자들이 목욕한 물이 논으로 흘러들기 때문에 논에서 자란 곡식을 먹으면 암에 걸린다."

이런 오해의 말들이 꼬리에 꼬리를 물고 일파만파 퍼지면서 주민들은 밤낮을 가리지 않고 반대에 나섰다. 어떻게 손을 써 볼 수도 없을 만큼 상황은 심각하게 전개됐다.

그 당시 반대 시위대 중에는 교회 권사 한 분과 인근에서 약국을 경영하는 약사 친구도 있었다. 누구보다 우리를 지지해야 할 사람들이 오히려 주민 편에 서 있었던 것이다. 자신의 이해관계가 개입된 일에는 복음이고 뭐고 관계없다는 듯이 달려드는 그런 태도에 나는 가슴이 아팠다. 가까이에서 찌르는 창끝이 훨씬 더 아프고 치명적인 법이니까. 아마도 하나님이 "사람을 믿지 말라"고 가르쳐 주시는 것 같았다.

집을 빌려주신 정진우 장로님도 연일 샘물을 내보내라는 압력을 받고 있었다. 그 사실을 알고 나서는 무조건 가창리를 떠나기로 결심했다. 계속 버티면 장로님의 처지만 곤란해지실 테니까…….

딱히 정해진 곳은 없었지만 처음으로 내가 호스피스 사역에 열정을 쏟은 가창리를 떠나야 했다. 주민들의 반대 때문에 힘이 들기는 했지만 한편으론 호스피스 사역의 확산에 도움이 된 것으로 위안을 삼았다. 호스피스 사역을 반대하던 지역 주민들의 입소문을 타고 생소하기만 하던 호스피스란 말이 주변 사람들에게 퍼져나가기 시작했기 때문이다.

지금도 집과 고안리 샘물을 오갈 때면 가창리를 그냥 지나치지 못한다. 아직도 그곳에는 당시의 건물이 전설처럼 그대로 남아 있다. 깜깜한 밤중에 시신을 옮기던 숲길, 중간에 멈춰 기도하고 앰뷸런스에 시신을 옮겨 실어 보내던 마당도 그 모습 그대로다. 그곳은 여전히 샘물이 탄생한 산실로 남아 있다. 가창리는 진정 변함없는 내 마음의 고향이며 샘물의 씨앗이다.

초석도 놓지 못한 땅
근창리

가창리 건물을 비워야 하는 상황이 왔다. 떠나야 하지만 딱히 갈 곳이 없을 때 하나님은 그냥 보고만 계시지는 않는다는 진리를 믿고 있었기에 그리 걱정은 하지 않았다. 비록 가창리에서는 주민들의 반대로 떠나야 했지만 하나님은 가창리에서 자동차로 불과 10분이면 도착할 수 있는 근창리에 다른 땅을 예비해 두셨다. 근창리에 땅 1,000평을 매입해 터를 잡고 1996년 3월 10일 감사의 기공예배를 드렸다.

하지만 이곳도 시련 끝, 행복 시작은 아니었다. 애초에 그런 것은 기대하지도 않았다. 샘물호스피스 시설 신축 기공예배를 드리자마자 주민들의 반발이 들불처럼 일어났다. 특이하게 그 중심에는 한 스님이 있었다. 그 스님은 그곳을 통과해야 절에 가기가 쉬운데 우리가 들어가면 길이 막힌다며 반대하고 나선 것이다.

곧이어 동네 주민들도 합세하여 반대 시위는 걷잡을 수 없이 확대되었다. 공사장 입구에 돌무더기를 쌓아 출입을 막는 것도 부족했는지 시청 앞으로 몰려가 시위를 계속했다.

하루는 볼일 때문에 시청에 갔는데 시청 마당이 꽹과리 치고 소리 지르는 사람들로 난리도 아니었다. 무슨 일인가 해서 가까이 가 봤더니, 이게 웬일인가! 바로 나를 몰아내자는 데모였다. 나를 몰아내려는 데모를 직접 목격하곤 실소를 참을 수 없었다.

혹시라도 내 신변에 위협이 가해질까 염려하던 가까운 지인들은 나에게 잠시 피하라고 권했다. 하지만 나는 피할 생각이 없었다. 그저 "내가 뭐, 지은 죄가 있어야 도망을 가지"라고만 대답할 뿐이었다.

하는 수 없이 법원에 "공사방해중지가처분" 신청을 내고 재판에 들어갔다. 언제, 어떻게 판결이 날지 모를 법의 판단을 기다리는 힘든 시기가 시작된 것이다. 어떤 결과가 떨어질지는 하나님께만 맡긴 채……

지금 돌이켜 보면 재판이 진행됐던 근창리 시절이 안팎으로 가장 힘든 시기가 아니었나 싶다. 그 어려운 기간에 가정생활은 말이 아니었다.

그나마 우리 부부에게 딸만 둘 주신 것은 하나님께 감사할 일이었다. 똑똑하고 착한 우리 딸들은 둘 다 소녀가장 노릇을 잘해 주었고 서로 동지의식을 갖고 어려운 상황을 잘 견뎌주었다. 엄마의 손길이 가장 필요한 시기에 엄마의 보살핌 없이도 두 딸은 서로 의지하며 다행히 엇나가지 않고 잘 자라주었다.

엄마는 엄마대로 신경 쓸 겨를이 없어서 때로는 아이들에게 관심 없는 엄마로 비치기도 했다. 여름방학 때 아이들이 "사탐 과탐" 해야 한다고 하자 수험생을 둔 엄마인데도 아내는 "그게 무슨 과일인데?"라며 어이없는 대답을 하기도 했다. 샘물에서 만든 반찬을 냉장고에 넣어두면 고3인 큰딸이 야간자율학습을 위해 동생 도시락까지 모두 4개를 챙기기도 했다.

가창리는 떠나야 하고 근창리 시설용지에서는 재판이 진행 중이고……. 호스피스 사역은 계속해야 하는데 어디에도 갈 데가 없는 난감한 상황이었다. 그래도 그 진퇴양난의 시기에 한 줄기 빛이 보였다. 임시로 옮겨 호스피스 사역을 계속 이어갈 공간을 찾은 것이다.

우리에게 한 줄기 빛이 되어주신 분은 용인세브란스병원 이종화 원장님이었다. 그 당시 암 전문 의사이던 이 원장님은 호스피스에도 관심이 있는 분이었다. 그 사실을 알게 된 나는 병실을 좀 빌려 쓰게 해달라며 도움을 요청했다. 다행히 그분은 흔쾌히 6인실 하나를 빌려주셨다.

용인세브란스병원으로 이사하는 날, 가창리를 떠나면서 그때까지 함께했던 환우들을 그분들의 집 또는 그분들이 갈 만한 병원으로 눈물을 머금고 보내드려야 했다.

서울영동교회에서 함께 신앙생활 하시던 문종필 권사님은 가족도 없고 우리 부부가 어머니처럼 섬기던 분이어서 당분간 우리 집으로 모셨다. 늘 기도하시는 그분은 샘물호스피스 사역을 위해, 우리 가정을 위해 기도하시면서 투병 생활을 하셨다. 그런 그분의 기도는 가창리를 떠나 떠돌아다니는 신세가 된 우리 부부에게 오히려 큰 힘이 되었다.

용인세브란스에서는 겨우 병실만 임시로 빌렸을 뿐 음식을 장만할 곳이 없었다. 어디에서든지 음식을 만들어서 날라 오는 방법밖에 다른 도리가 없었다. 그래서 생각해낸 것이 우리 부부가 살던 서울 잠원동 집에서 환우들 세 끼 식사를 준비해 매일 승합차에 싣고 병원으로 나르는 방법이었다. 하지만 식구들이 먹는 음식뿐만 아니라 환자, 직원들 음식까지 준비하는 일은 만만치 않았다. 게다가 환우들은 상태에 따라 식단도 다르기 때문에 밥, 죽, 미음 등 종류별로 준비해야 하므로 결코 쉬운 일이 아니었다.

간호사가 잠시 쉴 공간도 없어서 병원 앞에 셋방을 하나 얻어 간호사를 위한 숙소를 마련했다. 그런 상황에서도 간호사들의 헌신적인 봉사는 멈출 줄 몰랐다. 정말 감사할 뿐이었다. 그중 한 분인 이옥자 간호사님은 결혼한 뒤 다시 나와 지금도 봉사하고 계신다.

그렇게 시작된 용인세브란스에서의 더부살이도 오래 지속되기는 어려웠다. 그 병원으로 옮긴 지 얼마 지나지 않아 병원 직원들을 비롯해 다른 입원 환우나 보호자들이 노골적으로 싫어하기 시작했기 때문이다. 병을 치료하기 위해 입원한 환우들과 가족들 눈에 사람이 죽어가는 모습이 계속 비치는 것이 좋을 리가 없었다.

그런 분위기에서 더 머물며 호스피스 병실을 운영한다는 것은 불가능하다고 판단했다. 게다가 그간 배려해 준 병원장님께도 폐가 될까 해서 다시 짐을 싸기로 결심했다.

한편 근창리 용지의 "공사방해중지가처분" 재판은 쉽지 않았지만 강명훈 변호사의 선전으로 이길 수 있었다. 하지만 재판에 이겼다는 안도의 기쁨도 잠깐이었다.

재판에 이겼는데도 주민들은 재판 결과를 쉽게 받아들이려 하지 않았다. 인정하기는커녕 오히려 재판 결과를 무시하고 더욱 거세게 반대하고 나섰다. 아무리 설득하고 호소해도 결과가 나아질 기미가 보이지 않았다.

문제가 풀리지 않고 장기화되자 결국 나는 대화로 풀어가기로 하고 면사무소 회의실에서 주민대표와 관련 공무원을 함께 만났다. 오랜 시간 토론에 토론을 거듭했지만 주민대표는 우리를 내보내야 한다는 뜻을 굽히지 않았다. 관련 공무원은 그저 어떻게든 대화가 잘 이뤄져 원만하게 처리되기를 바라는 눈치였다.

보다 못한 내가 자리를 박차고 일어나 단호하게 선언했다.

"그렇다면 내가 나가지요. 이 마을 수준이 이 정도라면 차라리 내가 나가는 편이 나을 것 같네요. 그러나 나가더라도 내 땅을 그냥 버리고 갈 수는 없지요. 여러분이 이 땅을 팔아서 우리가 갈 만한 다른 장소를 마련해 준다면 모를까……. 안 그러면 나는 여기서 뼈를 묻겠소. 어차

피 나는 이 일 하다가 죽을 사람이니까!"

예상 외로 강경한 태도를 보이며 절대로 물러서지 않겠다고 버티자 그렇게 반대하던 주민대표의 태도가 누그러지기 시작했다. 그는 그 자리에서 바로 대안을 마련해 주겠다고 약속했다. 아마도 '저 사람은 그냥 나갈 사람이 아닌 것 같다'고 생각한 모양이다.

주민들은 먼저 근창리 땅을 우리에게 판 사람을 다그치기 시작했다. "당신이 그 사람에게 땅을 팔았기 때문에 일이 이 지경이 됐다. 그러니까 당신이 책임지고 그 사람이 갈 곳을 찾아 줘야 한다"고 윽박지르며 결자해지를 재촉한 것이다.

결국 우리에게 근창리 땅을 판 사람이 우리가 이전할 땅을 물색하여 근창리 땅 1,000평을 되팔고 고안리 땅 1,500평을 구입해 이전하도록 주선했다. 1,000평이 1,500평으로 늘어난 것이다.

'힘들어도 버틸 만하다. 500평이나 늘어났으니까.'

그렇게라도 스스로 위로하고 나니 오히려 감사한 마음이 우러났다. 오직 마음만 머물렀던 곳, 근창리. 그러나 우리는 그곳에 머릿돌 한 번 놓아보지 못했다. 우리는 그 땅을 가슴에만 묻어두고 약속의 땅 고안리로 걸음을 재촉했다.

아내는 요즘도 그 시기를 떠올릴 때면 항상 눈가에 이슬이 맺힌다.

"님비에 시달리고 재판에 시달리며 임시 거처로 옮겨 다니기까지, 그 3년여 기간은 말로 다 표현할 수 없을 만큼 참으로 긴 고난의 나날이었어요. 그때 너무 많이 울어서 앞으로는 더 울 일이 없을 것 같아요. 안 그래요, 여보?"

약속의 땅
고안리

성경에 나오는 인물 이삭은 그의 가족과 종들을 데리고 그랄이라는 골짜기로 이주해 장막을 치고 살았다. 그곳에서 그의 아버지가 파서 사용하다 묻었던 우물을 다시 파서 물을 길어 먹었다.

그런데 어느 날, 그 골짜기에 살던 원주민 양치기들이 달려와 그 우물이 자기네 우물이라며 빼앗으려다 싸움이 붙었다. 그러자 이삭은 그 우물을 그들에게 내 주고 다른 곳으로 옮겼다. 떠나면서 그 우물의 이름을 "에섹"이라고 붙였다. 에섹은 "다투다"라는 뜻이다.

장소를 옮겨 다른 우물을 팠는데 이번에도 원주민들이 우물을 빼앗으려고 몰려와서 다시 싸움이 붙었다. 이삭은 새로 판 우물도 그들에게 양보하고 떠나면서 우물 이름을 "싯나"라고 불렀다. 싯나는 "적대하다"라는 뜻이다.

이삭은 다시 다른 곳으로 옮겨 세 번째 우물을 팠다. 그러나 이번에는 아무도 나타나지 않아 오랫동안 그 우물을 사용할 수 있었다. 그는 "하나님이 우리를 위하여 넓게 하셨다"며 이름을 "르호봇"이라고 지었다. 르호봇은 "넓다"라는 뜻이다.

그렇다. 샘물호스피스도 가창리에서 쫓겨나 근창리로 갔지만, 우리가 장만한 땅임에도 초석 한 번 놓아보지 못하고 또 쫓겨났다. 세 번째로 옮겨간 고안리는 샘물이 뿌리를 내리는 마지막 땅이 될 수 있기를 두 손 모아 하나님께 간절한 마음으로 기도하고 또 기도했다.

사실 고안리 땅은 뒤에 백씨 문중의 산소가 자리 잡고 있어서 아무도 사려고 하지 않아 버려진 것이나 마찬가지인 땅이었다. 당연히 땅값이 그리 비싸지 않았다. 그런 땅을 우리가 사겠다고 나서자 땅 주인도 반색하며 낮은 가격에 기꺼이 팔았다. 그렇게 해서 비교적 싸고 넓은 땅을 쉽게 살 수 있었다.

이렇게 고안리에 터를 잡고 뿌리를 내리려고 했지만 걱정이 앞섰다. 이전에 두 번씩이나 겪은 님비 현상이 고안리라고 해서 없으란 법이 없기 때문이다.

그러나 고안리에서마저 무모하게 쫓겨나고 싶지는 않았다. 그래서 이곳에 정착하기 위해 피하기보다는 어떻게든 정면 돌파하기로 마음을 먹었다. 정면 돌파하되 대결구도가 아닌 진정성을 보이는 설득구도로 다가갈 생각이었다.

고안리에서 사역을 시작하기 전에 먼저 고안리 주민이 모두 모인 자리에 참석했다. 호스피스 사역이 어떤 것인지, 또 마을에서 호스피스 시설을 받아들이면 어떤 유익이 있는지를 차근차근 설명하기 위해서였다. 다행히 주민들은 특별히 나서서 반대하거나 화를 내지 않고 비교적 차분히 들어주었다.

우리는 설득에서 그치지 않았다. 주민들에게 어려운 일이 있으면 적극적으로 다가가 돕고 지원했다. 마을 상류에 들어선 대기업 연수원이 물을 끌어 쓰면서 물이 귀하다는 소식을 듣고는 우물을 파주었다. 병원에 가기가 어려운 사람이 많다는 이야기를 듣자마자 용인세브란스병원에 협조를 요청해 마을회관에서 두 번에 걸쳐 무료 의료봉사도 진행했다. 그뿐만 아니라 동네 어르신들이 단체로 여행을 가신다는 소식이 들리면 달려가 즐겁게 놀다 오시라며 경비 일부를 지원해 드리기도 했다.

특히 마을 대표로 일하는 이장을 만나 협조를 부탁했더니 흔쾌히 들어주었다. 그 일 이후로는 이장 가족들과도 자주 만나면서 친하게 지냈다. 얼마 지나지 않아 이장 부인이 교회에 나오기도 했다.

그렇게 설득하고 도우며 다가갔더니 고안리 주민들도 서서히 우리를 받아들였다. 그런데 한 가지만은 여전히 믿지 못하는 눈치였다.

"말만 저렇게 하지, 여기 얼마나 있을 거라고……."

다들 이렇게 생각하는 모양이었다. 왜냐하면 그 당시에 돈 많은 서울 사람들이 투기를 목적으로 땅을 사서 집만 덜렁 지어놓고 사라지는 일이 많았기 때문이다.

우리도 그럴까 봐 경계하는 사람들에게 신뢰를 얻을 수 있는 방법은 한 가지뿐이었다. 주소지를 그곳으로 옮기고 실제로 거주한다는 것을 보여주는 것이다. 그래서 일단 나만 전입신고를 하기로 했다. 우리 부부는 그때부터 지금까지 각각 주민등록상으로는 별거를 하고 있는 셈이다.

입주 후에도 환자들을 받기 전에 나름대로 성대하게 입주 기념행사를 준비하고 동네 주민들을 모두 샘물로 초대했다. 그리고 그 자리에서 우리를 경계하는 마음을 버리지 못한 주민들에게 주민등록증을 보여주면서 말했다.

"주민 여러분! 저는 이제부터 고안리 주민입니다. 죽을 때까지 여러분과 함께 여기에서 살겠습니다. 이곳 고안리에 뼈를 묻겠습니다."

참석한 주민들은 모두 박수로 맞아주었다. 그렇게 우리는 입주 기념행사를 잘 마치고 주민들의 반대 없이 무혈 입성해 호스피스 사역을 체계적으로 시작할 수 있었다.

그 후에도 우리는 할 수 있는 모든 방법을 동원해 주민들을 돕는 일에 나섰다. 논에 물 대는 데 어려움을 겪으면 우리가 물을 제공하고, 고추모를 심어야 하는데 일손이 모자라 힘들어하면 농사일이 생전 처음인 아내까지 발 벗고 나섰다. 그 덕분에 아내는 난생 처음 고추모를 심어봤다.

주민들은 아내가 듣는 데서 이렇게 말했다고 한다.

"북한에서 말하는 허리 안 펴기 운동이란 거 우리도 하는데……, 그래서 점심때만 허리를 펴는데……."

아마도 형식적으로 돕는다고 하는지 아니면 정말 도와주려는지, 그걸 시험해 보려고 그랬을 것이다. 하지만 아내는 하루 종일 쉬지 않고 고추모를 심었다. 그날 저녁에 집에 온 아내는 손이 떨려 수저도 들기 어려웠고 밤에는 손목이 아프고 저려서 잠을 못 잘 정도였다.

그렇게 적극적으로 다가가자 주민들의 반응도 많이 달라졌다. 이제 주민들은 들에서 일하다 삼겹살에 막걸리 한 잔씩들 나누다가도 우리가 지나가는 것을 보면 꼭 정겹게 손짓하며 불러준다. 삼겹살이라도 좀 드시라며……. 그러면 다가가서 삼겹살 몇 점을 맛보고 일어선다. 그렇게 입에 넣은 삼겹살 맛을 나는 지금도 잊지 못한다.

* * *

고안리에 정착한 뒤 좀 더 많은 환자가 입원하게 되면서 환자 가족들과 자원봉사자들이 연일 밀려들었다. 이런 상황이 백암면 일대에 직간접적인 영향을 끼치면서 주민들의 반응도 확연히 달라졌다. 특히 택시영업이 활기를 띠기 시작하자 택시회사에서 과일 바구니까지 들고 찾아와 인사를 하기도 했다. 또 샘물호스피스에서 먹는 음식을 만들 때 이 지역 농산물을 구매해 사용하면서 지역경제에도 영향을 주고 있다.

몇 년 전에는 성산 장기려상을 수상했다. 성산(聖山) 장기려 박사님은 의사를 한 번도 못 보고 죽어가는 가난한 사람들을 위해 뒷산 바윗

돌처럼 항상 서 있는 의사가 되고자 했던 분이다.

그분은 아내와 5남매를 북에 남겨 둔 채 차남만 데리고 월남해 부산 영도구에 천막을 치고 복음병원을 세워 행려병자를 치료하셨다. 평생 간(肝) 연구에 몰두했으며 가난하고 병든 이웃들과 함께하셨다. 자기 소유의 재산이라고는 아무것도 없이 병원 옥상에 마련된 20여 평 관사가 전부일 정도로 평생을 무소유로 일관하신 분이다.

성산 장기려상은 그분의 숭고한 뜻을 기리며 시민들에게 참다운 인술(仁術)의 의미를 알리기 위해 2006년에 제정된 상이다. 그리고 2009년 12월 17일 제4회 수상자로 샘물호스피스선교회가 선정되어 수상하는 영광을 누렸다.

칭찬과 상을 마다하는 사람이 있겠냐마는 하나님의 영광을 위해 사역하는 사람들에겐 상이 고역이 될 수 있다. 나 역시 하나님의 영광을 가로채 받는 것이 아닌가 하는 생각 때문에 수상을 받아들이기까지 숱한 고심의 시간을 보냈다.

주위 지인들은 "상을 받는 것은 호스피스 사역을 널리 알리고 죽음의 두려움에서 헤어나지 못하는 수많은 환우들에게 복음을 통해 두려움을 극복하는 방법을 전파할 수 있는 기회"라며 "이는 하나님의 영광을 가리는 것이 아니라 오히려 드러내는 것"이라고 권면했다.

결국 오랜 기도와 고심 끝에 상을 받기로 결정했다. 그리고 상금으로 받은 1,000만 원 전액은 샘물 시설을 확충하는 데 투입했다. 시상식에서 나는 장기려 박사님의 봉사정신을 이어받아 가장 소외된 이들을 섬기고, 주님을 섬기는 마음으로 환우들에게 다가가겠다는 결심을 수상소감으로 밝혔다.

그리고 얼마 전에는 일가상을 수상했다. 일가상은 가나안농군학교를 세워 기독교정신에 따른 이상적인 농촌사회 건설과 지도자 양성에 헌신한 일가(一家) 김용기 장로님의 숭고한 업적을 기리기 위해 1990년에 제정된 상이다. 그 후 해마다 사회공익실현운동에 공로가 큰 사람에게 이 상을 시상하고 있다. 김용기 장로님은 일생 동안 농업을 통해 근검절약의 윤리를 강조하고, 이를 몸소 실천해 보임으로써 농민운동을 정신운동으로 승화시키는 데 기여하셨다.

그런데 일가재단에서 많이 부족한 나를 2012년 제22회 일가상 사회공익 부문 수상자로 선정했다고 연락을 보내왔다. 나의 수상 소식을 듣고 가장 염려한 사람은 다름 아닌 큰딸이었다. 아버지가 행여나 교만해지지는 않을까, 사역에서 첫 마음을 잃지는 않을까 하는 그런 염려에서였다. 귀에 달콤한 말만 해주는 게 아니라 때론 약보다 쓰지만 꼭 필요한 말을 해주는 친구가 세상에서 가장 좋은 친구라고 했던가.

이번에도 하나님께 영광을 돌릴 기회로 삼고 2012년 9월 1일 시상식에 참석했다. 상금으로 받은 1,000만 원 전액은 샘물의 쉼터 건립비로 유용하게 사용되었다.

이제 샘물은 누가 봐도 본궤도에 올랐다고 판단할 수 있다. 하지만 샘물이 수많은 고난과 역경을 넘어 이곳 고안리까지 오게 된 것은 오직 하나님께서 하신 일이다. 그래서 오직 하나님께 영광을 돌리는 일에만 집중하려고 한다. 주님이 가라 하시면 가고 주님 뜻이 아니면 멈출 것이다. 주님이 가라는 데까지만 갈 생각이다.

호스피스 사역에 결정적인 영향을 준 나의 멘토이자 샘물호스피스선교회 이사장이신 손봉호 교수님도 "아직까지는 괜찮다"고 하신다. "아직까지는……"이라는 말, 그 말을 나는 "앞으로 샘물을 어떻게 관리하고 운영하느냐에 따라 사역의 방향과 질에 문제가 생길 수도 있다"는 의미로 받아들인다. 또 초심을 잃지 않기 위해서 긴장을 늦추지 말아야 한다는 경고인 것으로 짐작한다.

삼가 몸을 가장 낮은 데까지 낮추고 겸손하게 주님 원하시는 길로 초연히 걸어갈 것이다.

PHOTO

:: 샘물호스피스선교회가 처음 세워진 가창리 농가주택에서 김장을 하는 모습. 정진우 장로님의 배려로 우리는 이곳에서 독립형 시설 호스피스로서 첫 발걸음을 뗄 수 있었다.

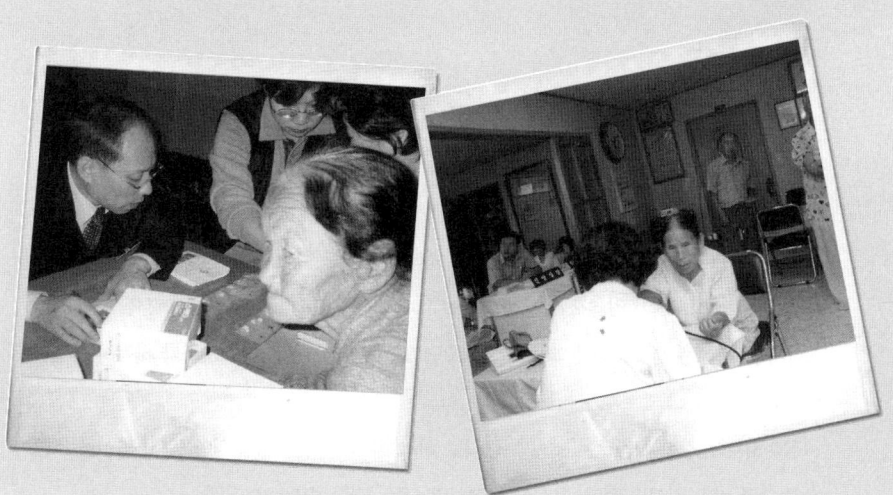

:: 가창리에서 쫓겨나고 근창리에는 초석도 놓지 못한 채 옮겨 가게 된 고안리. 그곳에서 우리는 마을 어르신들에게 무료진료를 해주며 주민들에게 다가갔다. 호스피스 대상자뿐 아니라 의학적인 도움이 필요한 분들은 누구든 우리가 섬길 대상이기 때문이다.

암을 예방하기 위한 좋은 식습관

1. 천천히 잘 씹어서 먹기

음식물을 소화시키기 위해서는 잘 씹어 먹어야 한다. 침에 들어있는 소화효소가 음식물의 반 이상을 소화시키기 때문이다. 입에서 충분히 씹지 않고 위로 내려 보내면 위에서도 소화되지 않아 영양소가 전혀 흡수되지 않는다. 이렇게 되면 영양 불균형 현상을 초래하게 된다. 한 번에 적어도 40회 이상 천천히 씹어 먹으면 적은 양으로도 충분한 영양을 공급받을 수 있고, 오장육부의 과로를 줄이게 돼 저항력이 높아진다.

대부분의 암 환우들은 식사를 빨리 하는 습관에 젖어 있다. 모든 것이 스피드를 요구하는 현대 생활이 이렇게 나쁜 식습관을 갖게 만든 것이다. 식사 때마다 최소 20분 정도 여유를 갖고 천천히 잘 씹어서 식사하는 습관을 갖기 위해 의도적으로 꾸준히 노력해야 한다.

2. 과식하지 않기

한 번에 많은 양의 음식을 먹으면 소화기관에 부담을 주게 된다. 그러면 가스도 생기고 몸에 여러 가지 장애를 일으키는 원인이 된다. 위장 공간의 80%쯤 채워 약간 배고픔을 느끼는 정도만 먹는 것이 가장 적당하다.

특히 암 환우들은 하루 2-3회 많은 양의 음식을 먹는 것보다 하루 4-5회 정도 나누어 소량씩 먹는 것이 좋다. 암세포가 정상세포보다 대사활동이 활발하기 때문에 정상적으로 다 소화시킬 수 없는 영양분이 한꺼번에 들어오면 넘치는 부분은 결국 암세포가 활용하는 결과를 초래한다.

장수하는 건강한 사람들은 소량의 음식을 여러 번 나누어 먹는 특징이 있다. 음식을 조금씩 먹으면 비만 걱정도 없다. 음식을 절제하면 모든 것을 절제할 수 있다.

3. 균형 있게 영양분 섭취하기

암 환우들은 대개 한두 가지 영양분을 집중적으로 섭취하는 경향을 보인다. 고단백, 고지방 음식을 많이 먹어야 병을 이길 수 있다는 생각 때문에 고기나 생선을 즐겨 먹는 분들이 있다. 또 반대로 야채가 몸에 좋다고 고집스럽게 채소류만 찾는 분들도 있다. 그러나 우리 몸은 어떤 특정 음식에 의해서 건강이 유지되도록 만들어지지 않았다. 장(腸)의 구조를 볼 때 다양한 영양분을 균형 있게 섭취하는 것이 바람직하다. 고기는 장의 길이가 짧은 육식동물에게, 야채는 장의 길이가 긴 채식동물에게 적당한 먹거리이다. 사람은 장의 길이가 중간 정도로 육식과 채식이 모두 가능하다. 그러므로 어느 한 가지 음식만 편중해서 먹는 것은 오히려 건강을 해칠 수 있다.

또 육식과 채식을 다 하지만 그 비율이 균형적이지 않으면 병에 걸리기 쉽다. 치아구조로 볼 때 곡식류를 가장 많이, 그 다음 채소류, 고기나 생선류 순으로 먹는 것이 좋다.

4. 오염되지 않은 먹거리 섭취하기

현대인이 섭취하는 먹거리에는 대부분 농약이나 제초제, 화학비료나 인공배합사료 등이 사용되고 있다. 이런 물질은 먹거리의 대량생산이라는 목표를 달성하는 데 크게 이바지했다. 그로 인해 사람들은 경제적인 풍요로움을 누리면서 굶주림의 고통에서 벗어나게 되었다.

그러나 이런 이익을 얻기 위해서 인간은 엄청난 대가를 지불하고 있다. 바로 생명을 담보로 내놓고 있는 것이다. 농약, 제초제, 화학비료, 인공배합사료 등을 사용하여 생산된 먹거리가 건강을 해치면서 암과 같은 불치의 병을 일으키고 있다.

겉으로는 그럴듯하게 보여도 사람에게 치명적인 중금속이나 불순물이 처음부터 함유되어 있거나, 가공하는 과정에서 화학적 변화를 일으켜 해로운 물질이 생긴 먹거리 때문에 여러 가지 질병이 생긴다.

| 4장 |

아주 용감한 사람들

가족마저 등을 돌린 사람들을 품다
새로운 시작, 에이즈 호스피스 사역
전국을 누비는 치과 진료 버스

가족마저 등을 돌린
사람들을 품다

오후 4시, 비가 부슬부슬 내리는 광주월드컵경기장 주차장. 차를 세우자마자 운전기사가 동분서주 바쁘게 움직인다. 8시 진료에 맞추려면 남은 시간이 그리 넉넉하지 않기 때문이다. 발전기 가동하랴, 고정시키기 위해 묶어두었던 기구들을 다시 하나하나 풀어 제자리에 배치하랴, 물통에 물 채우랴……. 동행한 봉사자 이 권사님까지 덩달아 분주하게 움직인다.

근처 마트에서 뭘 좀 간단히 먹고 7시가 되기 조금 전에 버스로 돌아와 보니 서너 사람이 다가온다. 버스에 함께 오른 우리는 첫 대면이라 서로 인사를 나눈다.

그런데 이분들은 나를 정면으로 보지 않고 흘긋 살핀다. 내가 바라보면 바로 시선을 피한다. 깡마른 체구들이다. 그렇구나! 서울에서든, 부산에서든, 대구에서든 이들의 모습과 습관은 모두 똑같구나. 어떻게든 대화를 한 번 해보려고 20여 년간 선원으로 일했다는 분에게 조심스럽게 다가가 말을 건네보았다.

"우린 여러분들 만나러 먼 길 왔는데……. 여기 오시면서 기쁘셨어요?"

"말이라고 합니까? 우린 외출할 일이 별로 없어요. 여기 오면서 내내 대한민국 참 좋은 나라라고 생각했어요."

"예, 그렇지요. 대한민국 참 좋은 나라지요."

"제가 선원으로 20여 년간 유럽 등지를 돌아다녔는데 한국만큼 좋은 나라는 없었어요. 나 같은 놈에게 틀니를 공짜로 해주려고 여기까지 오시다니, 이런 일이 도무지……."

말을 잇지 못하는 그분은 자신이 에이즈에 감염됐다는 사실이 알려지자 아내와 바로 이혼했으며 지금은 오늘 동행한 분과 형제처럼, 친구처럼 함께 살아가고 있다고 했다. 가끔 아이들을 만나고 싶지만 스스로 피하게 되더라고 한다.

이분과 함께 오신 다른 분에게도 어떻게 지내는지 물어보았다.

"나는 13형제나 되는 가난한 집안에서 자라 배우지 못해 무식해서 이런 병에 걸린 놈이지요. 팔순인 노모와 함께 살고 있는데 아들이 군대 간다고 찾아왔더라고요……. 사실 엄마도 아들도 다 나에 대해 모르고 있소……."

말을 잇지 못한 채 그분이 갑자기 진료버스 밖으로 뛰쳐 나간다.

"눈물이 터지려고 해서 못 참겠네요!"

얼마 후 그분은 얼마나 울었는지 퉁퉁 부은 눈으로 들어와 고개를 숙이고 앉아있다. 아무도 말을 하려들지 않아 이번에는 당구를 잘 친다는 분에게 말을 건넸다.

"당구를 그렇게 잘 치신다면서요? 당구는 어떤 사람들이 잘 칠 수 있어요?"

"수학적인 두뇌와 집중력이 필요하죠. 저는 아버지가 당구장을 하셔서 중학교 때부터······."

그 역시 병이 알려지자 이혼을 해야 했다. 지금은 남원에서 어머니와 같이 사는데 어머니는 그의 병을 모르고 있고, 하나 있는 딸도 연락이 안 된다고 했다.

뒤늦게 건강하고 활달해 보이는 청년이 들어온다. 그는 딸기와 멜론 농사를 짓고 있단다. 의외로 그에게는 다른 감염인에게서 느낄 수 없는 자신감이 엿보였다.

"저 같은 사람을 치료해 주는 곳이 있다니, 저는 참 시대를 잘 타고난 것 같습니다. 감사하지요."

"가족은요?"

"결혼해서 다섯 살 난 딸이 하나 있습니다. 결혼 후 감염된 사실을 알게 됐는데 아내가 내게 등을 돌리더라도 말해야 한다는 생각에 용기를 냈죠. 아내가 생각할 시간을 달라더군요. 그러더니 얼마 지나지 않아

승낙해 줬어요."

그분은 약을 열심히 먹고 있으며 부부생활도 조심하고 있단다. 하지만 부모 형제에게는 아직도 말하지 못하고 있다고…….

"전 열심히 살고 있어요! 정말 열심히요! 행복하게!"

"그래요. 행복해 보여요, 정말로!"

8시가 조금 지나자 빗길을 뚫고 의사 선생님이 들어오신다. 수더분해 보이는 중년……. 진료가 끝나면 늦어져 기회를 놓칠 것 같아 늦기 전에 대뜸 질문을 던졌다.

"이 일을 하시면서 가장 귀한 가치가 무엇이라고 생각하는지 궁금해요. 이를테면 유익한 뭔가가 있을 것 같은데요."

"아, 그게, 개인적으로 저에게 가장 고통스러운 문제가 풀렸다는 거죠. 청지기의 삶에 대해서……. 하나님이 주신 삶을 잘 돌보는 진정한 청지기 말이죠! 신앙적인 어려움이 해소돼 평안해지니 그 밖에 다른 어려운 문제도 해결되는……. 그래서 10년은 젊어진 마음으로 지난날보다 세 배는 더 많은 일을 해도 힘들지 않아요. 늘 환자를 좀 더 편안하게 해주려고 노력하고 있습니다. 많은 것을 잃어버린 저분들에게 전 아직 줄 것이 있다는 것에 감사할 따름이지요!"

틀니를 끼우는 시술이 몹시 어렵고 힘들어 보인다. 한 시간이나 지났는데도 여전히 집중하시는 모습이 놀라울 따름이다. 자원봉사자이신 이 권사님도 땀을 뻘뻘 흘리며 고군분투하고……. 그분도 이젠 제법 숙련된 조수처럼 몸놀림이 능숙하다.

  밤 10시가 훨씬 지나서야 진료가 끝났다. 의사 선생님이 웃으며 목포를 향해 빗속으로 사라지신다. 밤 10시 40분, 진료버스는 남원을 향해 출발했다. 비 내리는 88고속도로는 몹시 어둡고 길이 험한 편이었다. 게다가 안개까지 끼어 상황은 최악이었다. 한 시간여를 달려 도착한 남원에서 당구를 잘 친다는 분을 내려주었다. 비 내리는 텅 빈 거리에서 뿌연 안개 속으로 손을 흔들며 사라지는 그의 뒷모습이 조금은 쓸쓸해 보였다.

  에이즈 감염인 이동치과진료에 동행한 자원봉사자 박소정 님의 하루였다.

새로운 시작,
에이즈 호스피스 사역

　복음을 통해 죽음의 문제가 해결되고 죽음의 두려움에서 벗어난 이후부터는 사람들이 가까이하기 싫어하는 말기 암이나 에이즈 질환 등으로 고통 받는 환우들에게 아무 거리낌 없이 다가가 섬기는 것이 자연스러워졌다. 이런 변화와 담대함은 하나님의 사랑을 누리기 전 내 삶을 돌아볼 때 엄청난 사건이며 하나님이 하신 일이라고밖에는 달리 설명할 길이 없다.

　한국호스피스협회 회장직을 맡고 있을 때 1999년 10월 29일 대한에이즈예방협회 초청으로 말기 암 환자와 에이즈 감염인 호스피스 활동과 관련한 강연을 한 적이 있다. 강연 준비도 할 겸 외국의 에이즈 감염인 호스피스 사례를 살펴보았는데, 외국에서는 호스피스에서 말기 에이즈 감염인도 돌보고 있다는 사실을 알게 되었다.

　에이즈 호스피스 사역을 시작하기 전, 나는 인도에서 사역하고 있는 최동식 선교사의 요청으로 인도 하이데라바드에 가서 에이즈 감염인을 돌보는 현장을 돌아볼 기회가 있었다. 그곳에서는 인도인 의사 부부가 자기 집에서 에이즈 감염인을 돌보고 있었다. 사람들이 가까이하기도 꺼려하는 그들을 집에서 돌보는 것이 놀라워 남편에게 물어보았다.

"집에서 에이즈 감염인을 돌보면 이웃들이 뭐라고 하지 않나요?"

"왜 안 그러겠어요? 그래도 어쩌겠어요? 달리 방법이 없으니……."

그의 아내가 얼굴을 붉히며 남편의 말을 대신 이어갔다.

"사실 주변 사람들이 우리를 대할 때마다 마치 우리가 에이즈 감염인이라도 되는 것처럼 피한답니다. 우리 집에 발 들여 놓을 생각은 아예 하지도 않고요. 심지어 친척들까지 발걸음을 끊은 지 오래되었어요. 그렇다고 우리가 갈 수도 없는 형편이지요."

"따님들도 많이 힘들어할 텐데……."

"아무래도 많이 힘들어하죠. 우리는 그래도 괜찮아요. 어른이잖아요. 부모잖아요. 그렇지만 우리 애들은 아직…… 어리잖아요."

의사의 부인은 말을 잇지 못하고 끝내 눈물을 흘리고 만다. 두 딸은 에이즈 감염인과 함께 지내고 있다는 이유로 밖으로 나가지도 못하면서 정신적으로 적잖은 고통을 받고 있었다. 그 순간 한국에 있는 내 딸들이 떠올랐다. 어쩌면 우리 아이들도 부모인 우리가 몰랐던 나름의 어려움을 많이 겪었으리라.

"집에서 멀리 떨어진 곳에서 사역을 다시 시작하면 될 텐데……. 어떻게, 계획 좀 해보셨어요?"

의사는 어두운 얼굴, 절망적인 그늘이 잔뜩 드리워진 얼굴로 대답했다.

"나라고 그런 생각을 안 해봤겠습니까. 저 역시 그렇게 하고 싶지요. 여기저기 알아보기도 했지만, 돈이 들어가는 일이라……."

"그러면 건물을 빌리는 임차료만 지원되면 하실 수 있겠어요?"

갑자기 그의 얼굴에 구름이 걷혔다.

"임차료만 지원되면 충분히 할 수 있습니다."

우리는 그 자리에서 한국에 돌아가면 샘물호스피스선교회 이사회에서 시설 임차료 지원 문제를 의논한 뒤 알려주기로 약속했다. 그리고 샘물호스피스가 힘들게 극복하며 걸어온 과정을 하나하나 얘기해 줬다.

의사 부부는 우리가 소개한 샘물호스피스 이야기를 듣고 한국에서는 호스피스 사역이 어떻게 이루어지는지 몹시 궁금해했다. 한국 호스피스 병원 시설을 꼭 한 번 보고 싶다는 그들의 소원을 들어주기 위해 귀국 후 얼마 있다가 그들 가족을 한국에 초청했다. 심적인 고통을 겪고 있던 두 딸도 함께 왔다.

두 딸은 부모님과 한국에 머무는 동안 약한 사람을 돕는 선한 사역을 가까이에서 체험하면서 안정을 되찾았다. 그 후 인도로 돌아가서는 전과 달리 부모님의 사역을 적극적으로 돕고 있다고 전해 왔다.

샘물호스피스선교회 이사회에서는 에이즈 감염인을 돕는 인도 하이데라바드 지역의 의사 부부 사역을 지원하기로 결정했다. 그리고 샘물에서도 에이즈 호스피스 사역을 시작하기로 하고 건물 증축에 들어갔다.

에이즈 호스피스 병동을 세울 때에는 남대문 입구 새로나백화점 내 상동교회에 출석하시던 김안숙 장로님이 찾아오셔서 5억 원을 후원하셨다. 그래서 그 건물 이름을 "김안숙기념관"으로 붙였다. 김안숙 장로님은 내 손위 처남이 암으로 샘물에서 소천 받으셨다는 소식을 듣고 같은 교회 다니는 손위 처남의 아는 분을 통해 찾아오셨다. 김 장로님은 하나님만 바라보고 후원하셨다고 말씀하신다. 그렇게 지은 건물에서 우리는 3년 동안 말기 에이즈 감염인들을 돌보았다.

그러나 이제는 약이 좋아져서 에이즈 환자도 규칙적으로 투약하면 오랫동안 살 수 있는 만성질환자로 분류되기 때문에 호스피스 대상이 아닌 요양 대상으로 봐야 한다. 지금까지 53명을 돌봤는데 그동안 14명이 세상을 떠났으며 생존하신 분들은 모두 집이나 다른 요양시설로 돌려보냈다.

에이즈 호스피스가 아닌 요양 개념의 에이즈 사역은 여기서 멈추게 되었다. 그러나 여전히 소외되고 있는 에이즈 감염인을 돕는 일은 멈출 수가 없었다. 어떻게 도울 수 있을지 고민하는 중에 그들이 무엇보다 일반 치과병원에서 치과 진료를 받기가 어렵다는 이야기를 듣게 됐다. 그래서 우리는 또 다른 사역을 준비했다. 바로 에이즈 감염인을 대상으로 하는 치과 진료 봉사였다.

전국을 누비는
치과 진료 버스

한번은 에이즈 감염인 복지가 가장 잘 이루어지는 나라로 알려진 캐나다에 가서 자세히 살펴볼 기회가 있었다. 실제 캐나다에서는 에이즈 감염인이 일반 병원에서 다른 질병을 치료받는 데 크게 어려움을 겪지 않는다.

그러나 우리나라의 현실은 캐나다와 많이 다르다. 특히 에이즈 감염인들은 치과 진료가 절실한데도 제대로 치료받기가 어렵다. 에이즈 감염인은 면역력이 떨어져 이가 잘 썩고 잇몸 염증도 심하다. 그렇지만 에이즈 감염인들을 가까이하기를 꺼려하는 분위기에서 그들이 스스로 에이즈 감염인이라는 사실을 드러내놓고 치아 치료를 받기란 쉽지 않다.

에이즈 감염인은 호스피스 대상자는 아니지만 여전히 도움이 필요한 사람들이기에 나는 캐나다에서 귀국하자마자 에이즈 감염인을 대상으로 치과 진료 사역을 해야겠다고 결심했다. 곧바로 진료 시설을 마련하고 함께 사역할 의사도 섭외했다. 에이즈 감염인 치과 봉사 출발을 앞두고 모든 준비를 끝낸 상태, 이제 시작만 하면 됐다. 그렇게 술술 잘 풀리나 했는데…….

예상치 못한 일로 사역 자체가 수포로 돌아갈 위기에 처했다. 에이즈 감염인 치과 진료 사역을 함께하기로 약속한 의사 선생님이 갑자기 못 하겠다며 포기해 버린 것이다. 흔히들 이가 없으면 잇몸으로 산다고 하지만 치과 진료에서 의사가 없다는 건 잇몸조차 없다는 말과 다름없다. 의사 없이 치과 봉사를 시작할 수도 없고, 그렇다고 사역 자체를 포기한다는 것은 더더욱 말도 안 되는 일이었다. 어떤 방법으로든 반드시 의사를 찾아야 했다.

'아, 그분이다!'

어느 날 퍼뜩 머릿속에 최인선 선생님이 떠올랐다. 최 선생님은 내가 서울영동교회에 있을 때 주일학교 교사로 봉사하셨던 분으로 현재는 오류교회에 다니신다. 그 당시에는 서울대학교 치과대학을 다녔기 때문에 졸업 후 치과의사로 활동하고 있는지조차 확인되지 않았지만 수소문 끝에 그분의 연락처와 근황을 알아냈다. 다행히 최 선생님은 치과 의원을 개원해 운영하고 있었다.

다급한 마음에 앞뒤 생각하지 않고 전화를 드렸는데 반갑게 맞아 주셨다. 그러나 선생님의 반가운 목소리와 달리 나는 쉽게 꺼내기 어려운 부탁을 드려야 했다.

  진료를 부탁드려야 할 사람이 어떤 사람들인가. 바로 에이즈 감염인들이 아닌가. 그리고 최 선생님은 한 가정의 주부가 아닌가. 쉽게 부탁하기도 어려운 일이지만, 부탁을 받는 사람도 허락하기가 쉽지 않은 일이었다.

  "한번 해보지요, 뭐."

  그 대답은 나의 우려를 무색하게 만들었다. 최 선생님은 쉽지 않은 내 제안을 의외로 쉽게 받아들였다. 그 순간 나는 마치 천군만마를 얻은 것만 같았다. 물론 최 선생님이 고마웠지만 뒤에서 그분을 움직이신 하나님의 은혜가 더욱 고마웠다.

  그렇게 해서 최 선생님은 2007년 10월 3일 에이즈 감염인 치과 진료 봉사에 첫발을 내디디게 되었다. 에이즈 감염인에게 처음으로 치과 진료의 길을 여는 데 결정적인 역할을 하신 것이다. 그런 최 선생님의 공적은 2008년 12월 1일 제21회 세계 에이즈의 날 행사 때 보건복지부장관 표창을 받기에 충분했다.

  어느 정도 우여곡절은 겪었지만 최 선생님이 합류하자 치과 진료 봉사는 급물살을 타기 시작했다. 준비된 시설에서 믿을 만한 의사가 진료를 한다는 소문을 듣고 에이즈 감염인들이 찾아왔다. 그때부터 한동안은 차질 없이 치과 진료 봉사를 펼칠 수 있었다.

  좋은 일에는 흔히 방해되는 일이 많이 생긴다고 했던가. 그렇게 듬직하게 자리를 지키던 최인선 선생님에게 원치 않은 일이 일어났다. 환자를 치료하다가 그만 주삿바늘에 찔리고 만 것이다. 의사가 에이즈 바이러스에 노출된 것은 치과 봉사 시작 이후 처음 맞는 최악의 상황이었다. 사실 이 정도 사태라면 최 선생님 본인은 물론이고 가족들의 반대로 더 이상 에이즈 감염인 치과 진료를 계속하기는 어렵다고 봐야 한다. 어느 남편이 좋아라고 계속 봉사하게 놔두겠나.

그런데 믿을 수 없는 놀라운 일이 일어났다. 누구보다 반대할 것만 같았던 최 선생님의 남편이 그 상황을 이해해 준 것이다. 그의 남편은 혹시 에이즈 바이러스에 감염됐다 하더라도 약만 잘 먹으면 크게 우려할 병은 아니라는 것을 누구보다 잘 아는 분이었다. 다행이었다. 그런 남편의 배려로 최 선생님은 봉사를 멈추지 않고 계속할 수 있었고, 지금까지도 봉사에 앞장서고 있다.

처음에는 최인선 선생님 한 분으로 출발했지만 현재는 샘물에서뿐만 아니라 전국 곳곳에서 의사 14명과 치위생사 6명이 에이즈 감염인 치과 진료 봉사를 하고 있다.

목포에서 치과의원을 운영하시는 김현석 선생님은 최인선 선생님과 동창으로 이 사역에 두 번째로 합류하여 호남 지역을 맡아 봉사하고 계신다. 세 번째로 만나게 된 강재현 선생님은 안양 샘병원에서 근무할 때 박상은 샘병원 원장님 소개로 오셨는데 샘물에서뿐만 아니라 제주를 포함하여 전국 각 지역에 에이즈 감염인 치과 진료의 문을 여는 봉사를 감당해 오셨다.

부산 지역에서는 선교활동을 활발히 하는 할렐루야치과에서 근무했던 이성수 선생님과 위생사팀이, 대구 지역에서는 경북대학교 치의과대학원 송근배 교수팀과 최근에 합류한 이용규 선생님이 봉사하고 계신다. 그리고 섬기던 교회 목사님의 소개로 봉사를 시작한 조동훈 선생님과 동창인 김경수, 한정섭 선생님, 교회에서 에이즈 치과 봉사 소식을 듣고 봉사하겠다고 직접 찾아오신 양승철 선생님 등 귀한 분들의 헌신이 이어지고 있다.

일반적으로 에이즈 감염인들은 형편이 궁핍할 뿐만 아니라 정신적으로도 어려움을 겪고 있어 샘물까지 직접 오기가 쉽지 않은 편이다. 그래서 우리는 치과 전용 진료 버스로 전국을 누비며 그들을 진료하고 있다.

현재까지 에이즈 감염인 대상의 치과 진료는 모두 무료로 진행되고 있지만, 사실은 진료 전용 차량 유지를 비롯해 기공비, 재료비 등 연간 1억 원 정도 비용이 든다. 계속 후원의 손길이 이어져야 치과 진료 사역이 유지될 수 있다.

2008년 치과 진료 시설을 확장할 때는 골드만삭스 아시아태평양 지역 지사에서 지원한 약 7만 5,000달러(한화 약 7,500만 원)가 큰 도움이 됐다. 사실 골드만삭스에서 지원 받기가 쉽지 않은데 샘물의 투명한 회계와 운영이 신뢰를 주었던 모양이다. 샘물은 연간 250만 원씩 투자해서 공인회계사 자체 감사를 해오고 있다. 그만큼 투명한 운영이 샘물의 경쟁력이다. 그 외에도 골드만삭스 임원인 강훈석 님이 개인적으로 6,000만 원을 후원해 주셔서 에이즈 치과 사역을 할 때 호스피스 시설 운영비의 어려움을 잘 해결할 수 있었다. 강훈석 님은 샘물 회계감사를 맡고 계시며 기독교정신으로 교회나 선교기관의 회계감사 운동을 하고 계신 이천화 공인회계사의 소개로 알게 된 분이다.

또 순회 진료 전용 버스는 사회복지공동모금회의 지원금으로 마련했다. 사회복지공동모금회는 공동 모금을 통해 아동, 청소년, 장애인, 노인, 여성, 가족, 지역사회 등 도움이 필요한 곳을 지원하여 행복공동체를 만들어 가는 모금전문기관이다. 샘물이 그곳에 제출한 제안서가 통과돼 2010년부터 2012년까지 3년간 총 4억 원을 지원받았다. 그중 2억 원을 들여 일반 버스를 치과 진료 전용 차량으로 개조해 전국을 다니며 에이즈 감염인들을 대상으로 치과 진료를 하고 있다. 2012년 10월말까지 353명(연인원 2,188명)을 대상으로 400회 이상 진료했다. 2012년이면 이곳 지원금도 끝나지만 하나님의 선하신 손길이 있을 것이라 믿는다.

에이즈 감염인 모두가 호스피스 대상은 아니지만 여전히 임종이 가까운 말기 에이즈 감염인은 호스피스 대상이다. 하지만 우리나라에서 말기 에이즈 감염인을 따뜻이 받아주는 곳은 별로 없다. 국공립병원에서조차도 말기 에이즈 감염인을 샘물로 보낼 정도다.

에이즈 감염인에 대한 사회적 인식이 여전히 좋지 않다는 사실은 진료하기 위해 진료 차량을 주차할 장소를 물색해 보면 쉽게 알 수 있다. 전국을 돌아다니며 진료를 해야 하지만 진료 차량을 대고 진료할 만한 마땅한 공간을 확보하지 못해 어려움을 겪을 때가 한두 번이 아니다.

주로 진료 공간 확보가 비교적 용이한 관공서나 큰 교회의 주차장을 이용하는데 처음엔 기꺼이 장소를 내주다가도 한두 사람의 항의라도 들어오게 되면 그 다음부터는 어려워진다. 교회에서조차 쫓겨날 때도 있다. 공기나 피부 접촉으로도 감염될 수 있다는 잘못된 편견과 성적인 타락으로 감염된 병이라는 부정적 시각 때문이다. 그래서 광주에서는 월드컵경기장 주차장에, 부산에서는 보건소 앞 길거리에 차를 세워두고 진료를 한다. 그나마 대구에서는 대봉교회에서 주차장을 제공해줬다.

에이즈 감염인들이 마음 놓고 무료로 치료받을 수 있는 치과가 우리나라에 적어도 한 군데는 있어야 한다. 샘물이 그 역할을 하고 있다. 샘물에서는 무료로 치아 치료를 받은 환우들이 기뻐하는 모습을 많이 볼 수 있다.

샘물에서 450만 원 상당의 상하 완전 틀니를 선물 받은 한 에이즈 감염인은 활짝 웃어 보이며 의사에게 언신 고개를 숙여 고마워했다. 광주광역시에 사는 한 에이즈 감염인을 5개월간 진료하며 틀니를 만들어드렸는데, 그분은 치아 치료를 받으면서 3년 동안 하루 네댓 병 마시던 소주를 끊고 요즘은 어머니와 함께 교회에 다니신다. 또 어떤 분은 틀니가 완성되던 날 봉사자에게 받은 바나나를 맛있게 드시더니 바나나에 잇자국이 났다며 뛸 듯이 기뻐했다.

앞으로도 에이즈 감염인들이 편하게 찾아와서 무료로 치아 진료를 받고 기뻐하는 모습을 오래도록 많이 볼 수 있으면 좋겠다는 간절한 소망을 가져본다.

현재 에이즈 감염인은 예수님 당시의 나병환자보다 더 소외당하고 있다고 해도 과언이 아니다. 사실 에이즈 감염은 B형간염 수준과 별반 다르지 않다. 공기 중 감염을 우려해서 그런 거라지만 이미 언급한 대로 공기 중으로는 절대 감염되지 않는다. 피와 피로 접촉될 때만 감염된다.

사람들은 보통 에이즈라는 이름을 듣는 것조차 꺼린다. 함께 사는 사람도 있는데 말이다. 에이즈 감염인들이 입원해 있던 샘물에 엄마와 같이 와서 봉사하는 중학생도 있다. 샘물에서는 요양 대상 에이즈 감염인에게 치과 진료를 하면서 동시에 기회가 주어지는 대로 임종이 가까운 호스피스 대상 말기 에이즈 감염인을 돌보고 있다.

가장 소외된 이들을 하나님의 사랑으로 품는 것이 각 지역 교회의 사명이 아닐까? 교회가 그렇게만 해준다면, 우리가 멀리 가지 않아도 된다. 그날이 올 때까지 하나님이 허락하시는 범위만큼 봉사할 것이다.

PHOTO

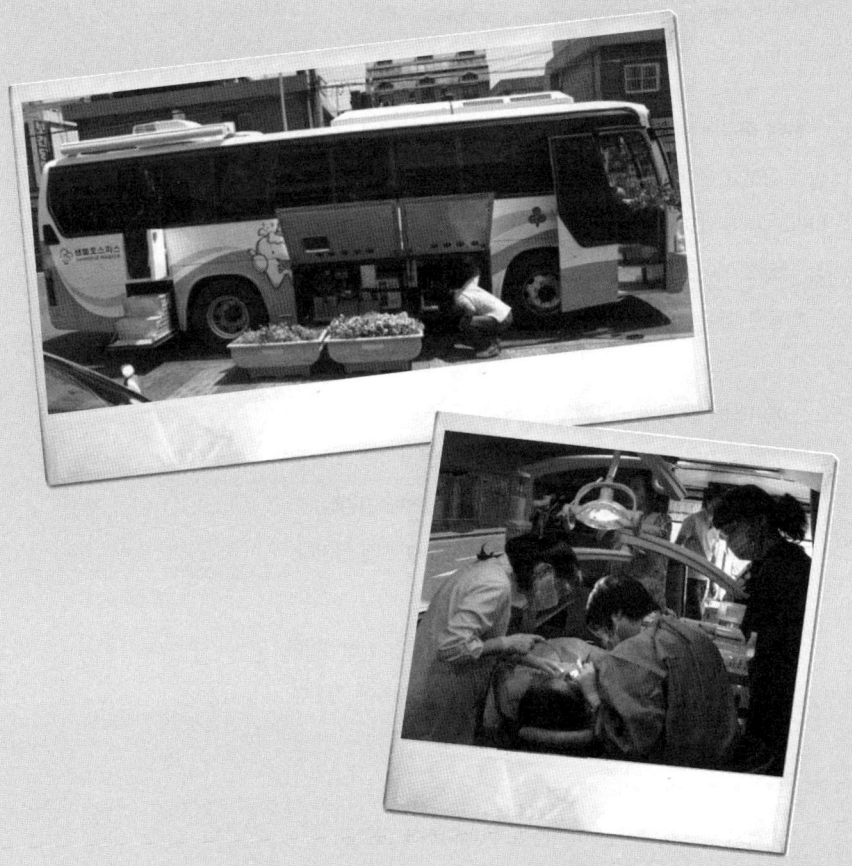

:: 에이즈 감염인은 가장 소외받고 있는 사람들이다. 가족들마저 꺼려하는 이들에게 다가가 감염의 위험을 무릅쓰고 치과 진료로 봉사하는 이분들이야말로 세상에서 가장 용감한 분들이다.

에이즈에 대한 오해와 진실

한때 죽음의 병으로 불린 기피 대상 질환 에이즈(AIDS). 우리말로 풀어쓰면 "후천성면역결핍증"이라고 한다. 우리나라에서 에이즈에 관한 인식은 아프리카보다도 낮다. 그렇지만 우리나라도 이제 에이즈 감염인이 하루 2명꼴로 증가하고 있다는 통계가 있다. 게다가 개방적인 성 문화로 에이즈 감염인이 더 증가할 수 있다는 우려도 많다.

다음은 에이즈 감염과 관련된 오해들이다.

_ 에이즈는 "죽음의 병"으로, 감염되면 곧 죽는다.
_ 에이즈 감염인과 식기, 컵을 함께 사용하면 에이즈에 걸린다.
_ 화장실 변기나 이불을 함께 사용하면 에이즈에 걸린다.
_ 피부접촉이나 포옹, 가벼운 키스를 해도 에이즈에 걸린다.
_ 에이즈 환자를 간병하면 에이즈에 걸린다.
_ 감염인의 기침이나 재채기, 구토물로도 에이즈가 전염된다.
_ 수영장이나 대중목욕탕을 함께 사용하면 에이즈에 걸린다.
_ 감염인과 함께 운동하면 에이즈에 걸린다.
_ 모기에 물리면 에이즈에 걸린다.
_ 감염인 부모가 출산한 아기는 모두 에이즈에 걸린다.

질병관리본부 자료에 따르면 모두 오해다. 감염자와 직접 성 접촉을 하거나 감염된 혈액을 직접 수혈하지 않는 이상 감염 확률은 낮다고 한다. 에이즈 발견 초기에는 전파 경로가 명확히 밝혀지지 않아 질병예방법에서 전염 속도가 빠른 감염병으로 국가 예방접종사업 대상인 2군 법정전염병으로 분류하고 감염인을 격리하기도 했다. 그러나 일상생활에서는 바이러스가 전파되지 않는다는 것이 확인된 뒤로는 빠르게 전파되거나 파급효과가 크지는 않지만 반복해 유행할 가능성이 있어 지속적으로 감시하고, 유행할 경우에 방역 대책을 세워야 하는 3군 법정전염병으로 바꾸어 예방에 주력하는 질병으로 관리되고 있다.

  아직까지 에이즈를 완치할 수 있는 치료제나 백신은 없다. 그러나 1996년부터 효과적으로 바이러스 증식을 억제하는 "칵테일 요법"이란 투약법이 도입되면서 20년 이상 생존이 가능해졌다. 이제 에이즈는 호스피스 대상이 아닌 요양 대상의 만성질환으로 봐야 한다.

| 5장 |

혼자가 아닌 함께

사랑은 아무나 하나?
작은 자 하나에게 냉수 한 그릇이라도
세상에 남기는 마지막 선물
"천국으로 이사 가는 거예요."
유리처럼 투명하게

사랑은 아무나 하나?

"절에 있을 때나 다른 병원에 있을 때는 쓸쓸했는데 여기로 오니 모두 반겨주고 친절하게 대해 줘서 '이게 사람 사는 거구나!' 라는 생각이 들었습니다. 나는 그동안 뭘 하며 살았는지……. 이렇게 아름다움을 그리며 살고 있는 사람들이 이 세상에 있다는 사실에 깜짝 놀랐어요."

유방암 말기 진단을 받고 샘물호스피스로 오신 64세의 정필녀 님이 자원봉사자 고록희 님 앞에서 눈물의 고백을 쏟아내기 시작했다.

"아들과 딸을 두고 남편과 헤어질 때, 말할 수 없이 쓰라린 고통을 겪었습니다. 그 후 다른 남자를 만나 재혼했지만…… 그 사람은 얼마 살지 못하고 세상을 떠났어요. 사업도 망하고 배신도 당하고……. 도대체 내가 무슨 죄를 얼마나 지었기에……."

정필녀 님은 사는 것이 너무 힘들어 세상과 멀리 떨어져 자신의 죄를 씻으며 살아가려고 절을 하나 인수한 뒤 스스로 머리를 깎고 스님이 되셨다.

"세상을 등지고 초야에 묻혀 살면 편안할 줄 알았는데……. 그런데 그게 아니더라고요. 편안함과는 거리가 먼 삶이었어요. 그러다 몸이 안 좋아 병원에 갔는데 유방암 4기라는 진단을 받았습니다."

그분은 삶에 대한 애착이 없었기에 수술을 거부하고, 외국에서 잠시 휴가를 내고 온 딸에게 한동안 간호를 받고 있었다. 딸이 다시 출국해 버리자 달랑 혼자 남은 그분에게 동생이 찾아왔다. 동생은 그분을 샘물로 모셔왔다.

"처음엔 뭘 그렇게까지 해야 하나 싶어서 안 가겠다고 했는데 동생의 정성이 내 마음을 움직인 셈이죠. 이곳에서 내 인생이 이렇게 바뀔 줄은 상상조차 못했습니다. 이곳에 와서 천사 같은 사람들을 보며 나의 지난 삶을 돌아보게 됐어요."

정필녀 님의 눈에서 눈물이 너무 많이 흘러 듣고 있던 고록희 님이 휴지를 드렸다. 인생이 달라졌다고 고백하는 스님의 눈물이 너무 아름다웠다.

"내가 건강했다면 지금도 절에 있었겠지요. 몸이 아파서 이곳으로 오게 돼 감히 얻을 수 없는 것을 얻었습니다. 태어나서 처음으로 행복을 느낍니다. 삶이 황홀합니다!"

실패한 가정을 피해 도망치듯 스님이 됐다가 병을 얻어 샘물에 입원한 정필녀 님. 그분은 이곳에서 자원봉사자들의 천사 같은 보살핌을 받고 감격적인 세례를 받았다. 친정엄마와 함께…….

"그동안 나 때문에 마음고생을 많이 하신 친정엄마도 주님을 알게 되셨어요. 저와 함께 세례도 받으셨으니 이제 천국에서 만날 수 있다는 소망이 생겨서 감사합니다. 이제는 아무런 걱정이 없어요. 저를 향한 여러 사람들의 절실한 사랑 덕분에 제가 구원을 받았습니다. 고맙습니다. 감사합니다!"

정필녀 님과 친정엄마 두 분이 세례를 받는 날, 가족들이 먼 길을 찾아왔다. 모두가 감격의 눈물을 흘리면서 이렇게 말했다.

"우리 가정에 경사 났습니다. 정말 고맙습니다."

자리를 함께한 봉사자들도 화답했다.

"고맙습니다!"

* * *

2000년대 초반부터 사람들의 입에서 웰빙(well-being)이란 말이 오르내렸다. 한마디로 잘 먹고 잘 사는 것인데, 한동안 많이들 써 왔다. 웰빙족, 웰빙 비빔밥, 웰빙 음료, 웰빙 댄스, 웰빙 신발, 웰빙 도시락, 웰빙 허니문…….

웰빙과 함께 최근에는 웰다잉(well-dying)이란 말도 많이 퍼졌다. 존엄사와 안락사 문제가 불거지면서 퍼진 말이다. 불치병 환자의 고통을 종식시켜 환자 가족의 경제적·정신적 부담을 덜어주는 행위를 안락사라고 하고, 소생 가능성이 없는 환자에게 무의미한 치료를 중단해 자연사 방식의 임종 과정으로 유도하는 행위를 존엄사라고 한다. 이때 존엄사를 웰다잉으로 표현한다.

그러나 진정한 웰다잉은 하늘나라를 소망하며 생을 잘 마무리하고 행복하게 하늘나라로 이사하는 것이다. 일반적인 개념의 웰다잉이 잘 태어나서 잘 살다가 편히 죽는 것을 의미한다면, 기독교 관점의 웰다잉은 잘 태어나서 하나님의 뜻을 따라 잘 살다가 죽은 후에도 천국에서 영원히 행복하게 사는 것을 뜻한다.

사람답게 잘 사는 것이 웰빙이라면 사람답게 잘 늙어가는 것은 웰에이징(well-aging)이다. 앙드레 지드는 "아름답게 죽는 것보다 아름답게 늙는 것이 더 어렵다"고 했다. 아름답게 나이 먹는 것은 쉬운 일이 아니다.

웰에이징의 조건을 보통 음식과 운동, 일과 열정, 인간관계로 요약하기도 한다. 이 세 가지 조건을 충족시키는 데는 베푸는 삶만큼 좋은 방법이 없다. 베푸는 삶, 바로 봉사와 기부다. 나이가 들면서 열정적으로 봉사하거나 기부하는 사람은 모두가 건강한 몸과 정신을 유지하고 있다. 우울증이 치유될 정도로 대인관계도 원만해진다.

샘물에는 병이 있는 "환자"임에도 봉사하는 분이 많다. 하나같이 행복하게 지내다 보니 자기가 환자라는 사실조차 잊어버리나 보다.

"사랑하는 봉자! 자기, 오늘 밤도 우리 만날 수 있을까?"

자원봉사자 봉자 님의 휴대전화에 문자가 뜬다. 역시 봉사자인 박소정 권사님이 보낸 것. 박 권사님의 휴대전화에도 봉자 님이 보낸 문자가 뜬다.

"네! 물론이죠, 갈게요. 기다리세요!!"

이들에게 "오늘 밤"이란 말은 특별한 의미를 갖는다. 이들은 밤에만 만나서 일주일에 하루씩 봉사를 하는 야간 봉사자이기 때문이다.

오래전부터 손발을 맞춰 와서 그런지 이제 두 사람은 서로의 눈빛만으로도 웬만한 일은 신속히 척척 해낸다.

"봉자! 나 임종할 때 헛소리하고 힘들어하면, 내 옆에서 기도하고 지켜줄 거지?"

"염려 마세요. 권사님도 나 지켜줄 거죠? 사실…… 저, 유방암 수술한 지 3-4년 됐거든요. 말하자면 투병 중인 셈이죠."

"아니!? 그런 몸으로 어떻게……, 어떻게 이런 봉사를……. 그것도 야간에……?"

"그래서 제겐 시간이 더욱 귀중해요! 언제 어떻게 될지 모르니……."

그들은 시간의 벼랑에서 벌어지는 인간의 다양한 모습을 함께 바라보면서 울기도 하고 웃기도 했으며, 개탄하기도 하고 감동하기도 했다. 그토록 많은 밤을 함께 보냈는데……. 그런 봉자 님에게 또 다른 어려운 시간이 가까워오고 있었다.

"권사님, 담당의사가 그러는데요. 약도 잘 듣지 않을 정도로 까다로운 암이래요."

봉자 님의 남편이 전립샘암 말기 진단을 받고 걷지도 못하는 상태로 샘물에 들어온 것이다. 그분이 샘물 입원을 마지막이라고 예감했는지 박소정 권사님을 보자마자 흐느끼기 시작한다.

"나처럼 형편없이 살아온 놈이 하나님을 만날 수 있겠습니까? 그 많은 세월 엉뚱하게 다 보내놓고 여기 와서 이러는 내가……, 천국 가겠습니까? 나 같은 놈이……."

어린아이처럼 운다. 겁먹은 어린아이처럼……. 일주일 후에는 3층 옥상에 올라가 아내 봉자 님 앞에서 그렇게 울었다고 한다.

"나, 천국 갈 수 있을까? 왜 몰랐을까, 그때는……."

며칠 뒤 박소정 권사님이 그분을 만났다.

"봉자는 어떻게 만났나요?"

"제가 은행원이던 시절, 조그만 아가씨가 은행에 아장아장 걸어 들어왔죠. 첫눈에 반해서……. 그때 그 조그만 아가씨를 만나지 않았다면 지금 같은 이런 대우는 꿈도 못 꿨을 거예요. 저에겐 행운이죠."

"이런 고통 속에서도 행운이라……. 그 행운이란 게 뭔지 듣고 싶군요."

그분은 긴장한 듯 입을 다물고 멈칫하더니 진지한 얼굴로 말을 잇는다.

"제가 천국에 갈 수 없는 놈이란 점을 정직하게 알게 됐다는 것이지요. 모든 것이 후회스럽습니다."

"특히 어떤 점이……?"

"제가 잘나갈 때 했던 모든 일들이요. 내 마음대로 살았던 그때 말이죠. 벗어버려야 할 거추장스러운……."

"그래서 옥상에 나가서 그렇게 울었나요?"

"네……."

"그래서 전 샘물을 좋아해요. 여기에 오면 누가 가르쳐주지 않아도 다 알게 되더라고요. 행운이란 말이 맞네요. 그렇죠?"

그분은 신혼여행에서 돌아온 딸과 사위를 만난 뒤 편안한 얼굴로 눈을 감았다. 지금은 사과나무 아래 잠들어 있다.

봉자 님의 휴대전화에 문자가 뜬다.

"내 사랑 봉자! 우리 같이 밤을 새우면서 똑똑히 봤잖아! 어떻게 사는 것이, 어떻게 죽는 것이 아름다운지……. 참, 이젠 내가 문자 보낼 필요 없겠네. 밤에 만나자고 말이야. 자기 어련히 알아서 오려고……. 그렇지?"

베푸는 삶은 반드시 베풂을 받는다. 이것은 성경적 원리다. 심은 대로 거둔다. 주고 싶을 때 줄 수 있는 것도 행복이다. 주고 싶은 마음이 없는 것만큼 불행한 것도 없다. 주는 습관은 주기적으로 복을 받는 통로다. 주는 것이 받는 것보다 복이 있기 때문이다.

마음만 먹으면 누구나 할 수 있는 것이 사랑이다. 사랑은 아무나 할 수 있다.

> 작은 자 하나에게
> 냉수 한 그릇이라도

  샘물호스피스에 들르는 사람은 처음 오신 분이든, 여러 번 오신 분이든 누구나 그곳에서 봉사하는 모든 직원에게 다정하고 정겨운 인사를 받을 수 있다. 모두가 친절하고 겸손하고 편하게 대할 것이다. 다들 섬기는 태도가 몸에 배어 있기 때문이다.
  간호사실에서는 분주하게 정리하고 기록하고, 진지하게 대화하면서 일을 처리하는 간호사들의 모습을 볼 수 있다. 모두가 하나같이 미소 띤 밝은 얼굴로 겸손한 모습이다. 영락홀과 로뎀홀 환우를 24시간 돌보는 백의의 천사들이다.
  간호사실에 기대선 채 건물 안을 휘 둘러보면 병실을 오가는 환우 가족 모습, 열린 병실 문 사이로 침대에 누워있는 환우들 모습이 눈에 들어온다. 간혹 통증으로 힘들어하는 환우가 있긴 하지만 대부분 밝은 표정으로 봉사자를 맞이하고, 초대받지 않은 손님도 편하게 맞는다. 머리에 손을 얹고 기도할 때면 고개 숙여 "아멘, 아멘" 하면서 마음을 정리한다. 이런 모습들을 보고 있노라면 이해하기 힘들고 도저히 믿기지 않는 모습에 갑자기 가슴이 뛸 것이다.

환우와 가족들, 봉사자와 직원들의 식사를 담당하는 식당에 들어서면 왼쪽 주방에서 비교적 연세가 지긋하신 봉사자들의 분주한 몸놀림을 볼 수 있다. 식단을 보면 잡곡밥이 기본이고 무공해 재료로 만든 반찬이 눈에 띈다. 환우 상태별로 미음, 죽, 밥을 적절히 지어낸다.

식당 한편에는 제빵실이 있다. 여기서 구워낸 빵은 현미를 재료로 사용하며 방부 처리를 하지 않아 말 그대로 "웰빙 빵"이다. 그보다 대단한 표현은 "찬송과 기도를 먹고 구워진 빵"이라는 거다. 빵에게 찬양과 기도를 먹이시는 분은 바로 전문 제빵사이신 김대섭 간사님이시다.

김 간사님은 반죽을 시작하기 전부터 계속 찬송을 부르신다. 반죽을 하면서도 입에서는 찬송이 그치지 않는다. 반죽을 휴지(休止)시켜 놓을 때는 의자에 앉아 기도하신다. 샘물호스피스선교회뿐만 아니라 외국에 있는 호스피스선교회의 활동을 위해서도 기도하신다. 그리고 샘물 입원실 이름을 차례로 부르며 환우와 가족, 봉사자들을 위해 기도하신다. 매일매일 그렇게 간절히……. 그렇게 제빵사 곁에 있던 반죽은 찬송과 기도 소리를 들으며 휴지돼 맛있는 빵으로 구워진다.

찬송과 기도를 먹고 구워진 빵은 환우와 가족, 봉사자와 방문객들에게 사랑받는 웰빙 빵으로 팔리며 그 이익금 전액은 운영기금과 시설증

축기금으로 사용되거나 해외 샘물을 지원하는 데 쓰인다.

오늘도 샘물은 하늘나라 여행을 떠나는 분들을 아름답게 준비시키고, 그분들의 고통을 덜어주며, 형편이 어려운 가정에 장례 절차를 지원해 주고, 환우 가족을 지지하는 사역을 담담히 추진하고 있다.

샘물에는 상주하는 직원들 말고도 함께하는 분이 많다. 그중에서도 잊을 수 없는 분이 계신다.

바로 정진우 장로님! 샘물이 독립형 시설 호스피스로 국내에 첫발을 내디딜 수 있도록 도와주신 분이다. 자신의 농가 주택을 무료로 빌려주신 바로 그분이다. 서울영동교회 장로님이셨으며 샘물호스피스선교회 이사로 봉사하셨다.

정 장로님이 하늘나라로 이사하신 지 1년이 지나가고 있다. 그분은 호스피스 사역뿐만 아니라 장애우 재활 사역에도 애정을 쏟으셨고 에이즈 감염인 치과 진료 사역에도 지원을 아끼지 않으셨다. 또한 네팔 호스피스 사역과 장애인 재활 사역을 위한 밀알학교 건축 사업은 물론 네팔 사역의 자립을 위한 제빵 사업을 누구보다 기뻐하셨다. 말기 암 환우를 장기적으로 돌보기 위한 "쉼터" 건립 사업을 계획하고 추진하는 데에도 물심양면으로 지원하셨다.

끝내 그 결실을 보지 못하신 채 갑자기 천국으로 옮겨 가시고 나니 그 빈자리가 몹시 허전하고, 그만큼 많이 그립다. 그동안 너무나 많은 사랑의 수고를 하셨기 때문에 편히 쉬게 하시려고 하나님이 부르셨다고 생각하면 한편으론 위로가 된다. 그 모든 수고의 열매를 하나님께서 기억하시고 상을 주시기 위해 부르셨고, 앞으로 천국에 가면 다시 만나 뵐 수 있다는 기대로 마음을 추슬러 본다.

"장로님! 지금 천국에서 샘물을 위해 기도하고 계시지요? 나중에 천국 가서 뵐 때 늘 웃으시던 환한 모습으로 반겨주세요.

사랑합니다. 보고 싶습니다. 그리고 그동안 많을 짐을 지게 해드려서 죄송합니다.

편히 쉬고 계세요. 곧 뵈러 가겠습니다."

이렇게라도 마음의 대화를 나누고 나면 빚진 마음이 한결 가벼워진다.

* * *

샘물에는 날마다 사랑을 실천하는 사람들이 찾아온다. 매달 호스피스 봉사자 교육을 수료한 봉사자 700-800명이 찾아와 입원한 환우들을 돕고 보살핀다. 이들은 모두 돈 한 푼 받지 않고 날마다 행복한 봉사를 하고 있다.

제5기 호스피스 봉사자 교육 과정 수료자인 목영민 님은 일주일에 두 번씩 샘물로 봉사하러 오신다. 몇 년 전에는 심장혈관확장술까지 받았지만 봉사에 대한 열정은 여전하시다.

내 손위 처남댁인 허광자 님은 35년 전에 암 진단을 받았지만 신앙생활과 알공예를 하면서 이겨내셨다. 7년 전 샘물에서 남편을 암으로 떠나보내고 나서 시작한 알공예 봉사를 지금까지 꾸준히 이어가고 있으며, 봉사의 손길이 가장 부족한 일요일에 주방 봉사를 하면서 보람된 삶을 살고 계신다.

또 먼저 떠난 아들의 유언에 따라 봉사하고 있는 김은희 님이 계시다. 그분의 아들은 아주대학교 1학년에 입학한 뒤 골수암 진단을 받았다. 그 아들이 임종하면서 엄마에게 호스피스 봉사를 하다가 천국에서 만나자는 유언을 남긴 것이다. 그분은 아들의 유언대로 계속 봉사하면서 아픔을 극복하셨다.

암 투병 중 우울증에 시달리던 윤유숙 님은 암은 아니지만 가끔 목에 작은 혹이 생겨 그때마다 수술을 하여서 목소리를 내지 못하실 때가 자주 있었다. 그러나 봉사를 통해 행복을 느끼면서 우울증도 치료됐다. 그 후 경찰서장인 남편은 물론 온 가족이 함께 봉사하고 있다. 목소리에 자신이 없으니까 수화를 배워 김은희 님과 함께 손짓사랑 수화팀을 조직하여 하나님께 영광을 돌리고 있다. 이분들은 모두 죽음을 마주하면서도 두려움을 극복하고 봉사라는 의미 있는 삶을 살아가는 분들이다.

교회에서 단체로 와서 봉사하는 사례도 많다. 이런 교회들은 봉사자 교육을 받은 사람을 중심으로 호스피스 봉사팀을 조직해 주기적으로 방문한다. 하지만 일반적으로 교회에서는 호스피스 사역보다 환자의 육체적, 영적 회복에 집중하는 치유 사역에 치중하는 편이어서 교회 차원에서 호스피스 봉사활동이 활성화되어 있는 곳은 드물다.

호스피스 사역에 사명이 있는 어느 목사님이 부임하자마자 한 달간 줄곧 죽음과 부활, 복음에 관한 설교만 계속했다고 한다. 그러나 치유 사역에만 익숙한 교인들이 그런 설교를 좋아할 리 없었다. 결국 당회에서 목사님을 따로 불러 "목사님은 우리 교회와 맞지 않는 것 같습니다"라며 사임을 권했다는 이야기를 들은 적이 있다.

호스피스 봉사는 물론 봉사자 교육도, 다른 어느 곳보다 교회에서 앞장서야 한다. 그래야 임종을 앞둔 분들이 천국의 소망을 품을 수 있을 뿐만 아니라 호스피스 사역을 지지하고 참여하는 봉사자들이 늘어난다.

기독교학교인 이화여고에 다니면서 하나님의 은혜로 3년간 계속 장학금을 받은 작은애의 활동 덕분에 이화여고 학생들의 샘물 자원봉사가 16년째 계속되고 있다. 한 달에 두 번씩 대형버스를 타고 자원봉사를 하러 온다. 이 학생들은 주로 예배 때 찬양 봉사를 하고 예배를 마치면 흩어져서 청소까지 깨끗이 해놓고 돌아간다.

샘물 자원봉사자 교육은 연 4회, 1박 2일간 진행되며 교육을 받으면 봉사를 할 수 있다. 교육은 길게 하지 않는 편이어서 누구나 부담 없이 참여할 수 있다. 굳이 이런 봉사자 교육 프로그램을 받지 않아도 할 수 있는 봉사가 많지만, 교육을 받으면 말기 암 환우를 전문적으로 돌볼 수 있다.

호스피스 봉사 시설에 물질을 후원하면서 선한 청지기의 사명을 다하는 기관이나 단체, 개인도 많다. 매달 정기적으로 후원하는 분들도 있다. 그분들은 내 것을 포기하면 더 큰 것을 얻게 된다는 진리를 실천하는 사람들이다.

국내에서 네 번째 건물을 지을 때에는 상옥준 권사님이 땅을 기증하셨다. 상 권사님은 암으로 임종하실 때 8,300만 원 상당의 땅을 기증하시면서 자신과 같은 암 환우들을 더 많이 도와 달라고 유언하셨다. 그 자금을 종잣돈으로 네 번째 건물 건축을 시작할 수 있었다.

한번은 건축비가 부족하던 시기에 말기 암으로 고통을 받으시던 박상은 환우님의 후원으로 건축비를 채울 수 있었다. 박상은 님은 샘물환우는 아니셨지만 암 투병을 하며 알게 된 분으로, 브라질 선교사였으며 암으로 돌아가신 배봉규 목사님이 연결해 주신 분이다. 그분이 경주에 있는 1억 원 상당의 땅을 기증해 주신 덕에 건물을 완공하는 데 큰 도움이 되었다.

2007년에 법이 바뀌면서 병원으로 건물 리모델링을 할 때에는 재정적으로 많이 힘들어 운영이 어려운 적도 있었다. 그때에는 일본에서 호스피스 활동 관련 책자를 보고 한국 호스피스 활동을 도와야겠다고 생각한 현대종합금속(주) 대표가 1억 원을 후원해 고비를 넘길 수 있었다. 또한 2007년 12월 샘물에서 소천받으신 최경자 환우님의 가족이 장례 후 3,000만 원을 후원해 주셔서 당시 어려운 재정 상황을 해결하는 데 큰 힘이 되었다.

한번은 분당 지구촌교회 관리집사가 입원한 적이 있다. 2004년 2월에 이동원 목사님이 병문안을 오신 김에 예배 때 설교를 하시고 나서 내게 지구촌교회에 와서 호스피스 사역을 소개해 달라고 부탁하셨다. 그 후 2004년 3월 7일, 지구촌교회에 초청돼 1부 예배부터 4부 예배까지 설교를 했다. 호스피스 관련 설교를 했는데 당일에 샘물 특별후원 헌금으로 2,286만 8,030원이 모아졌다. 그 후원 헌금이 "지구촌교회 기증 병실"을 탄생시켰다.

여러 회사에 강사로 초대받아 삶과 죽음에 대한 강의를 하기도 하는데, 후기 평가를 들어보면 이 강의를 들은 직원들이 일을 더 열심히 한다고 한다. 1년 계약 강의를 하기도 하는데 1회 2시간에 100만~120만 원의 강의료가 책정된다. 그러면 나는 그 돈을 회사 이름으로 직접 샘물에 후원해 달라고 하여 그들에게 좋은 후원 기회를 제공해 주고 있다.

처음부터 지금까지는 물론이고 네팔에 호스피스 시설을 세울 때도 무엇보다 모교회인 서울영동교회가 가장 큰 힘이 되어주었다. 그 밖에 여러 교회와 개인 후원자들이 조금씩 힘을 모아 바자회를 통해 기금을 모으고, 은행 융자를 받아 건축하고 대출금을 갚아 가며 지금까지 오게 되었다.

짧은 사역 경험을 통해 나는 돈이 없어서 하나님이 기뻐하시는 일을 하지 못하는 경우는 없다는 것을 깨달았다. 힘들 때마다 돕는 손길이 함께하기 때문이다.

"또 누구든지 제자의 이름으로 이 작은 자 중 하나에게 냉수 한 그릇이라도 주는 자는 내가 진실로 너희에게 이르노니 그 사람이 결단코 상을 잃지 아니하리라 하시니라"(마태복음 10장 42절).

"주라 그리하면 너희에게 줄 것이니 곧 후히 되어 누르고 흔들어 넘치도록 하여 너희에게 안겨 주리라 너희가 헤아리는 그 헤아림으로 너희도 헤아림을 도로 받을 것이니라"(누가복음 6장 38절).

세상에 남기는
마지막 선물

"목사님, 화장(火葬)하면 뜨겁지 않을까요? 무서워요!"
"의학용으로 시신을 기증하고 싶은데 부활할 때 상관없나요?"
"죽은 뒤에 안구를 기증하고 싶은데 부활할 때 눈이 다시 나올까요?"
 죽음을 준비하는 사람 중에는 이처럼 사후의 신체적 변화에 대한 두려움을 이야기하는 사람이 많다. 의학 연구를 위해 시신을 기증하거나 화장으로 장례를 치르려고 하다가도 부활할 육신을 생각하면 불안해지는 것이다.
 19세기 유럽에서 통용된 해부학 이론에 따르면 사람 몸의 해부학 구조는 약 5,000개다. 몸의 구조가 5,000개라면 몸이 부활할 때 이 많은 구조가 어떻게 재조립될 수 있을까? 이쯤이면 부활을 믿는 사람이라 하더라도 당연히 걱정이 되지 않을까?
 이런 걱정을 늘어놓는 사람에게 나는 이렇게 대답해 준다.

"지금 당신의 몸이 암으로 다 망가져도 부활할 때는 완전한 몸으로 나옵니다. 이 땅에서 장애우였던 사람은 천국에서 비장애우로 살게 됩니다. 걱정하지 마세요. 저도 지금은 이렇게 머리가 벗겨졌지만 천국에서는 당연히 숱 많은 머리로 만날 것입니다."

어떤 분은 우리 몸이 부활할 때 흩어진 몸의 분자나 구조가 다시 모여 회복되는 것이라고 하지만 성경은 그렇게 말하지 않는다. 하나님이 새로운 몸을 주신다고 기록돼 있다.

"육의 몸(natural body)으로 심고 신령한 몸(spiritual body)으로 다시 살아나나니 육의 몸이 있은즉 또 영의 몸도 있느니라"(고린도전서 15장 44절).

"보라 내가 너희에게 비밀을 말하노니 우리가 다 잠 잘 것이 아니요 마지막 나팔에 순식간에 홀연히 다 변화되리니 나팔 소리가 나매 죽은 자들이 썩지 아니할 것으로 다시 살아나고 우리도 변화되리라 이 썩을 것이 반드시 썩지 아니할 것을 입겠고 이 죽을 것이 죽지 아니함을 입으리로다"(고린도전서 15장 51-53절).

예수님을 믿으면 죽음의 절망이 천국의 소망으로 바뀐다. 예수님을 믿는 사람들은 죽음으로 망가진 육신의 장막을 벗어버리고 다시는 죽지 않고 병들지 않는 부활의 영광스러운 몸으로 바꾸어 입고 하나님 품 안에서 영원히 살게 된다고 믿는다.

이런 사람들에게 "저녁"은 죽음 연습을 하는 시간이다. 모든 것을 내려놓고 떠나는 마음으로 밖에서 입었던 옷을 벗고, 염을 하는 마음으로 깨끗이 씻고, 수의를 입는 마음으로 잠자리 옷을 입고, 관 속에 들어가는 마음으로 이불 속으로 들어간다. 이들의 "아침"은 죽음이 끝이 아니고 천국에서 영원히 산다는 마음으로 다시 옷을 입고 힘차게 살아가면서 죽음 이후의 부활을 연습하며 소망을 갖는 시간이다.

이런 사람들은 부활 후의 새로운 몸을 기대하기 때문에 죽은 뒤 자신의 몸에 애착을 갖지 않는다. 그래서 이웃을 위해 기꺼이 기증하고 떠날 수 있다. 장기 기증과 시신 기증은 이런 사람들에 의해 이뤄지는 것이다.

우리나라는 예부터 시신을 소중히 여기는 풍습이 있어서 10여 년 전까지만 해도 시신 기증은 물론이고 장기 기증조차 거의 볼 수 없었고 대부분 낯설어 하거나 부정적인 반응을 보였다.

우리나라에서 최초로 시신을 기증한 사람은 1929년 오근호라는 분이다. 그는 독립운동을 하다 투옥돼 감옥에서 병을 얻어 세브란스병원에 입원했다. 당시 시신이 없어 의학(해부학) 교육에 어려움이 많다는 말을 듣고 29세의 나이에 생을 마감하면서 자신의 몸을 해부학 교육용으로 선뜻 내놓겠다는 유언을 했다고 한다. 의학계에 따르면 교육용 시신이 학생 2-3명당 1구는 있어야 하나 현재 우리나라는 20-40명당 1구 꼴이어서 절대적으로 부족한 상태다.

그러나 최근 들어서는 우리나라에서도 각막이나 장기, 시신 기증과 관련된 미담을 언론을 통해 종종 접할 수 있다. 뇌사 상태에서 장기를 기증하거나, 사후에 이웃을 위해 시신과 각막을 기증하여 우리 마음을 훈훈하게 해주는 이가 점점 늘어나는 추세는 무척 고무적이다. 특히 호스피스병원에서 기쁜 마음으로 각막과 시신을 기증하고 떠나는 말기 암 환우를 많이 볼 수 있다.

사실 이 세상을 이미 떠난 사람들은 매장을 하든, 화장을 하든, 장기와 시신을 기증하든 전혀 관심이 없다. 모두 살아 있는 자들의 관심거리이고 문제일 뿐이다.

장기와 시신을 기증하는 사람들은 죽기 전에 미리 유언장에 기증을 부탁하는 기록을 남긴다.

우리나라 1호 안과의사이며 국내에서 한글타자기를 처음 개발한 공병우 박사는 "내가 죽거든 땅에 묻지 마라. 내가 묻힐 땅이 있으면 콩을 심는 것이 낫다. 내 장기는 모두 필요한 사람에게 주고 남은 시신은 의과대학에 기증하여 연구하게 하라"고 유언했으며, 『배짱으로 삽시다』(풀잎)로 유명한 이시형 박사는 "신나게, 열심히, 후회 없이 잘 살다 갑니다. 장기는 물론 시신까지 해부 실습용으로 아낌없이 내놓겠습니다. 실습 후 지내주는 '해부제'가 나의 장례식이 될 것입니다"라고 미리 유언했다.

"장기 기증으로 꺼져가는 생명을 돕고 시신으로 연구에 보탬이 되고 싶다"는 메모지를 11년 동안이나 지갑 속에 넣고 다녔다는 "신바람" 황수관 박사도 미리 쓴 유언장에 "나의 장기는 소외되고 어려운 환우를 위해 기증한다. 또 내 시신은 의과대학 후학들의 연구에 보탬이 되기 위해 기증한다"라고 썼다.

또 김영춘 전 국회의원이 미리 쓴 유언장에도 "묘비에 '여기, 이 세상을 후회 없이 사랑하다 간 사람의 흔적이 있다'라고 적어주십시오. 썩어 없어질 몸에 미련 두고 싶지 않으므로 안구와 장기는 기증한 뒤 시신은 화장해 주십시오"라고 적혀 있다.

천국 이사를 확신하는 사람이 유언장을 미리 쓰고 그 유언장에 자신의 장기나 시신 기증 결심을 기록했다면 그는 이미 떠날 준비를 완벽하게 끝낸 것이다. 이런 사람들은 살아 있는 동안에는 아무런 두려움 없이 열심히 삶을 살아내고 마지막 순간에는 감사하는 마음으로 "사랑한다"는 말을 남기고 평화롭고 행복하게 천국으로 이사할 것이다.

선물을 받으면 행복하다.
내가 받고 싶은 선물을 받으면 더 행복하다.
내게 꼭 필요한 선물을 받으면 가장 행복하다.
자신의 몸을 필요한 사람에게 남기는 것, 그것은 세상에서 가장 큰 행복을 주는 선물이다.

"천국으로 이사 가는 거예요."

　누구나 살아가면서 어쩔 수 없이 상처받고 상실과 실패를 경험하며 어렵고 힘든 마음을 안고 가야 할 때가 있다.
　입원 중인 환우뿐만 아니라 환우를 돌보는 가족과 봉사자들의 마음이 고단하고 지칠 때 이들이 몸과 마음을 달래고 위안을 받을 수 있는 아주 특별한 행사가 있다면 얼마나 큰 도움이 될까? 그래서 샘물호스피스에서는 가슴을 울리는 아주 특별한 몇몇 행사를 마련하고 있다. 나누고 베풀고 느끼면서 사랑하는 자리다.
　기러기는 암컷을 잃어도 혼자 새끼를 키우는 습성이 있다. 그래서 자녀 교육 문제로 가족들을 외국으로 멀리 보내고 서로 떨어져 힘겹게 살아가는 가족을 "기러기 가족"이라 하고, 홀로 남은 사람이 아버지이면 "기러기 아빠", 어머니이면 "기러기 엄마"라고 부르는 새로운 말이 만들어졌다.

샘물에서는 가족을 먼저 떠나보내고 어려운 길목을 힘들게 지나는 또 다른 기러기들이 정기적으로 모인다. 3개월 간격으로 4회, 겨울방학과 여름방학 모임 2회를 포함해 1년에 여섯 번 정도 기러기 가족이 자리를 함께한다.

2012년 5월에 열린 기러기 가족 모임에는 24가정에서 62명이 참석했다. 어머니와 아들딸 내외, 손자들까지 총출동하여 버스를 타고 먼 길을 오신 가족, 모임에 참석하시고자 모든 일정을 조정하여 어려운 발걸음을 해주신 분, 도저히 참석하지 못하겠다고 하셨지만 다시 용기를 내어 오신 분…….

기러기 가족들을 맞이하는 찬송 소리가 울려 퍼지는 영락홀에 모여 우리는 함께 예배를 드렸다. 중앙기독중학교에서 호스피스 교육을 받고 어머니와 함께 봉사하러 오는 수지고등학교 2학년생인 송희도 군의 멋진 색소폰 연주와 손짓사랑 수화팀의 아름다운 수화찬양을 귀로 듣고 눈으로 보는 가족들의 얼굴에는 환한 미소가 번지고 있었다.

성경을 읽고 기러기 가족들에게 위로의 말씀을 전했다. 그 뒤 신천교회에서 제공한 풍성한 점심식사를 나누는 행복한 시간이 이어졌다.

식사 후에는 가족들과 토피어리(topiary)를 진행했다. 자연 그대로의 식물을 여러 가지 동물 모양으로 자르고 다듬어 보기 좋게 만들어 보는 프로그램인 토피어리를 하면서 가족들이 안정감과 친근감을 느끼며 스스로 치유하고 정화하도록 돕기 위해서였다.

이어 환우와 가족들이 샘물에서 지내던 모습을 담은 영상을 보았다. 사랑하는 가족과 함께했던 순간들을 회상하면서 남은 가족들의 눈시울은 어느새 그리움과 아쉬움으로 붉게 물들었다.

마지막으로 몇 명씩 모여 그동안 어떻게 지내셨는지 서로 나눈 뒤 각자 기도해 주길 바라는 내용을 이야기하고 함께 기도하는 위로의 시간을 가졌다.

사랑하는 가족을 먼저 떠나보내고 한숨과 눈물로 지새운 가족들! 지금도 옆에 있을 것만 같고, 잘해 주지 못한 것들이 내내 마음에 아쉬움으로 남아있다는 가족들! 우리는 눈물을 흘리는 가족들을 위로하며 기도하는 것으로 모임을 마무리했다.

"기러기 가족 모임에서 또 한 번 감동을 받았습니다. 남편과 같이 샘물 기러기 가족 모임에 오면서 '우리 울지 말고 밝게 목사님과 샘물 식구들을 만나고 오자'고 약속했지만, 막상 현관에 들어서자 눈물을 참을 수 없었습니다. 영락홀에서 목사님이 설교하시는 모습을 보면서 또 한 번……. 우리 혜란이와 샘물에서 3개월 동안 지내면서 많은 은혜 가운데 같이 숨쉬며 아프고 슬플 때 위로와 배려로 행복하게 지낼 수 있게 해주신 모든 분과의 추억이 되살아나면서 감당할 수 없이 눈물만 쏟았습니다. 맛있는 음식과 다과, 냅킨 하나하나까지 세심하게 정성을 기울이신 것을 확인할 수 있었습니다. 섬겨주셔서 정말 감사드립니다."

샘물에서 천국으로 이사 간 이혜란 님의 어머니 박경옥 님이 기러기 가족 모임에 참석한 뒤 샘물에 보낸 감사의 이메일이다.

모임을 준비하고 연락을 드리지만, 여러 가지 이유로 참석하지 못하는 유가족이 많다. 한 번 모일 때 30여 가정에서 60명 정도 모이는데, 모임에 참석한 분들은 이구동성으로 오길 잘했다고 하신다.

기러기 가족 모임에서는 가족을 보낸 후 위기를 어떻게 극복했는지, 어떻게 지내는지를 서로 나눈다. 교회에 다니게 되었다는 가족도 있고, 처음에는 죽음을 준비하라는 말에 기분이 참 안 좋았는데 지금 생각하니 그때가 천국이었다는 가족도 있다. 죽음을 준비하는 것이 도움이 되었다고 고백하는 가족도 있다.

샘물에서는 환우가 준비를 잘 마치고 생을 마무리하는 모습을 보며 유가족이 구원을 얻는 경우가 많다. 많은 환우와 그 가족이 이곳에 와서 예수님을 영접하고 변화를 받아 세례를 받는다.

24세의 젊은 청년 김현성 님은 말기 간암으로 샘물에 입원했다. 담당 의사이신 김재송 선생님의 진단에 따르면 김현성 님은 벌써 뼈와 폐, 복막, 횡경막에 암이 전이된 상태였다.

이 환우는 선천적으로 간에 장애를 일으키는 질환이 있었기 때문에 그의 간 상태는 급격히 나빠져 갔다. 스무 살에 남동생의 간을 이식받았지만 이미 암으로 발전된 그의 간은 항암치료까지 받다 보니 병세가 점점 악화되었다.

거기에다 가족 중 한 분이 이상한 종교에 빠져 있어서 그 영향으로 영적으로도 제대로 도움을 받지 못했다. 그래서 그런지 입원한 뒤 스스로 괴로움에 시달리기도 하고 불안해하는 모습이 역력했다. 누구의 말도 믿으려 하지 않았다. 물론 의사와도 대화가 이뤄지지 않았다.

그러나 김재송 선생님은 포기하지 않고 끈질기게 김현성 님을 돌보기 시작했다. 몸도 마음도 지쳐 있는 그분에게 다가가 대화를 시도했다. 그러나 대화가 쉽게 이뤄지지 않아 처음에는 환자가 허락하는 것만 치료하고 굳이 싫어하는 것은 치료를 뒤로 미뤘다. 그래도 매일 병실에 들어가서 심한 욕창을 치료하고 통증을 조절하는 데 주력했다.

이렇게 열흘간 헌신적인 간호와 봉사가 계속되자 환우도 마음을 열기 시작했다. 그 뒤로는 표정도 밝아지고 고맙다는 인사까지 할 정도였다. 그렇게 하기 싫다며 거부하던 목욕을 하고 치료에 적극성을 띠면서 심했던 욕창도 회복되기 시작했다. 통증 조절에도 순응해 편안하게 잠들 수 있었다. 또 방문객을 한사코 거부하던 환우가 방문객과 함께 앉아 아이스크림을 먹으며 웃기도 하고, 간호사에게 눈물을 글썽이며 고맙다는 말을 전하기도 했다.

그렇게 한 달쯤 지났을까? 무엇보다 놀라운 일이 벌어졌다. 이 환우가 예수님을 자신의 주님이라고 고백하며 세례를 받은 것이다. 그 후 임종할 때까지 먹는 것도 이것저것 다양하게 즐기며 감사와 기쁨으로 지냈다.

그러던 어느 날, 김현성 환우는 몸 상태가 많이 안 좋아져 간다는 사실을 알아채고 부모님의 손을 잡고 작별 인사를 했다.

"아빠, 엄마……, 제가 천국으로 이사하더라도 잘 견디세요. 사랑해요……."

또 자기에게 간을 이식해 준 동생의 손을 꼭 잡았다.

"형으로서 너를 너무 힘들게 해서 미안하다. 사랑한다……, 내 동생……."

그리고 혼자 입속으로 주기도문을 외우기 시작했다.

"하늘에 계신 우리 아버지여, 이름이 거룩히……."

5일 뒤 이 환우는 부모님, 담당 의사 선생님과 간호사, 그리고 봉사자들의 찬송과 기도 소리를 들으며 평안히 눈을 감았다.

"김현성 님은 하나님의 자비에 힘입어 예수님을 주님으로 믿고 고백했습니다. 이제는 하늘나라에서 온전히 회복된 모습으로 평안히 지내시리라 믿습니다."

이어서 담당 의사 김재송 선생님은 이렇게 말씀하신다.

"이처럼 샘물에서 신앙을 고백하고 세례를 받을 수 있는 건, 죽음 앞에 설 때보다 복음이 더 절박하게 들리는 순간이 없기 때문일 것입니다."

3년 전 남편을 먼저 보내고 세 아이와 함께 날마다 감사하며 행복하게 봉사하며 살아가는 정영미 님이 샘물로 보내온 이메일을 옮겨본다.

남편을 천국으로 이사시키고 3년째 홀로 맞는 결혼기념일이 다가오면서 그 사람을 더 그리워할 수 있어서 감사합니다.

샘물에서 보낸 마지막 결혼기념일을 기억합니다. 많은 환우님과 가족, 봉사자분들이 프리지어 한 아름과 케이크를 준비해 함께해 주셨던 그 아름다운 날이 마지막이 되지 않기를 기도하면서, 다음에도 또 다음에도 이날을 맞을 수 있기를 기도하며 그날을 보냈거든요. 이제 하나님은 그날을 추억 속에 담아 놓고 그리워하게 하시네요.

얼마 전에 식구들이 한자리에 모였는데, 큰형님께서 저에게 이렇게 말씀하셨어요.

"난, 꼭 천국에 가야 해!"

그래서 왜냐고 여쭈었더니 "서방님이 나한테 예수님 믿고 천국에서 꼭 만나자고 했거든"이라며 눈물을 흘리셨습니다. 그 눈물이 어떤 의미를 담고 있는지 알기에, 가슴이 뭉클해지고 기쁨이 솟아났습니다.

'멋진 나의 남편이 나 없을 때 그런 유언을 남겼구나.'

생각하니 가슴이 벅찹니다. 세상 살기가 마냥 행복하지만은 않지만, 그래도 너무나 감사합니다.

늘 나를 일어서게 하는 복음, 천국 가는 길, 예수님을 만나게 하는 아름다운 향기······.

내 어찌 힘들다 하겠습니까? 아가들이 셋씩이나 옆에서 응원하고 있는데······.

아름다운 추억으로 결혼기념일을 맞이할 수 있는데…….
그리워하며 추억하는 것도 행복입니다.

유리처럼 투명하게

나는 개인적인 수입뿐만 아니라 모든 재정 운영을 소식지에 공개하는 것을 원칙으로 하고 있다. 우리의 호스피스 사역은 나 혼자만의 것이 아니라 모두가 함께하는 것이니만큼 재정의 투명성을 지키는 것은 매우 중요하기 때문이다. 이렇게 재정을 운영하게 된 데는 늘 물질과 명예, 이성을 경계하라고 하신 손봉호 교수님과 박윤선 교수님께 받은 영향이 크다. 손봉호 교수님께 배운 습관 중 한 가지가 개인적으로 들어오는 돈이나 물품도 모두 공식 후원금으로 처리하는 원칙을 세우는 것이다.

이 세상을 살아가면서 돈 문제와 이성 문제에만 깨끗해도 최소한 남에게 손가락질은 받지 않는다. 돈, 특히 공금 관리 문제에서 자유로우려면 수입과 지출 현황을 공개하는 것이 최선의 방법이다. 재정 관리를 공개하는 것은 투명한 운영의 첫걸음이다. 특히 후원을 통해 함께 이루어가는 봉사나 복지 활동은 무엇이든 투명하게 운영하는 것이 경쟁력이며, 용이하게 후원을 받을 수 있는 근거가 된다. 상근 직원 60명에 연간 예산만도 20여억 원인 샘물호스피스는 매년 250만 원씩 투자해서 공인회계사 자체 감사를 해오고 있다.

샘물은 병원으로 분류되다 보니 의료보험급여가 들어오는데 운영비의 절반은 의료보험급여로, 나머지 절반은 후원금으로 충당된다.

환자가 들어오면 한 사람당 하루 12,000원을 받는다. 국민건강보험법과 의료급여법에 규정된 본인부담금만 부담하면 필요한 용품과 가족의 식대는 물론 생필품까지 무료로 제공받을 수 있다. 숙식, 투약, 돌봄, 가족생활, 장례비용 등 각종 혜택을 받을 수 있는 것이다. 이 금액마저 부담하기 어려워 못 내는 형편이면 나중에 후원금으로 충당하기도 한다.

재정을 운영하는 또 한 가지 원칙은 강의료 대신 기부를 하게 하는 것이다. 호스피스 사역을 하다 보니 교회나 기업, 기관이나 단체에서 연중 호스피스 관련 강의를 많이 요청해 온다. 그러면 당연히 강의료가 책정된다. 그러나 나는 샘물호스피스선교회에서 생활비를 받기 때문에, 강의를 사역의 연장으로 본다면 당연히 강의료는 받지 않아야 한다. 그래서 강의료를 받지 않는 대신 전액을 교회나 단체 등 해당기관 명의로 샘물에 기부하게 한다.

강의료 기부가 월 500만-1,000만 원 정도 이루어져 샘물 운영에 큰 도움이 되고 있다. 2011년 소득세 대상 소득이 연간 6,500만 원 정도 잡혔지만 샘물에 전액 기부했기 때문에 납부 세액 전액을 환불받았다.

나는 에덴동산에서 최초의 인간 아담이 죄를 지은 이후 모든 인간은 완전히 타락한 상태이기 때문에 언제든지 죄를 지을 가능성이 있다고 믿고 있다. 목사인 나 역시도 언제든지 기회만 있으면 죄를 지을 가능성이 있는 죄인이다. 그래서 나 자신도 믿지 못하기 때문에 견제장치로 소식지에 재정 현황을 모두 공개하는 수단을 빌린 것이다. 그래야 나 스스로, 말 그대로 청렴하게, 깨끗하게 살아갈 수 있기 때문이다.

PHOTO

:: 환자를 진료하시는 김재송 의사 선생님. 샘물호스피스에서는 전문 의료진이 호스피스 대상자를 돌보며 섬기고 있다.

:: 호스피스 봉사자는 죽음을 앞둔 환우의 손을 붙잡아 주는 사람이다. 호스피스 봉사는 가장 낮은 마음을 품고 임해야 하지만, 그 가치는 매우 귀하다.

:: 샘물에 와서 찬송을 부르고 청소를 도우며 환우들을 찾아가 돕는 학생들. 많은 학교에서 샘물을 찾아와 자원봉사를 하고 있다.

특별한 섬김, 호스피스 봉사

"좁은 문으로 들어가라 멸망으로 인도하는 문은 크고 그 길이 넓어 그리로 들어가는 자가 많고 생명으로 인도하는 문은 좁고 길이 협착하여 찾는 자가 적음이라"(마태복음 7장 13-14절).

호스피스 봉사는 대부분이 관심을 갖지 않고 하기 싫어하는 좁은 문에 속하는 활동 중 하나다. 그렇지만 우리 사회에 없어서는 안 될 꼭 필요한 분야다. 이 봉사를 통해 죽음 앞에서 절망하는 이들이 웃음을 찾고 생의 마지막까지 인간의 고귀한 존엄성을 유지하며 행복하게 살다가 천국으로 이사 가게 된다. 남은 가족들이 슬픔을 잘 견디며 하나님을 의지하고 힘차게 살아가야 할 이유를 찾게 하는 매우 귀한 일이다.

예수님이 이 땅에 오셔서 십자가에 죽으시기까지 희생하시며 우리를 죽음에서 구원해 주신 그 낮은 섬김이 호스피스 봉사에 걸맞은 모습이다. 이처럼 죽음의 현장에서 아름다운 봉사를 하면서 세상 사람들이 추구하는 돈과 명예, 권력, 쾌락을 절제하지 못한다면 호스피스 봉사는 넓은 문으로 들어가는 은혜롭지 못한 봉사가 된다.

호스피스 봉사가 먹고 사는 문제를 해결하는 수단이 되고 있지는 않는지, 제대로 봉사하지도 않으면서 후원 받고 칭찬 받기 위해 봉사하는 척하고 있지는 않는지, 자기만족과 이익을 위해 적당히 타협하며 허황된 욕망을 충족하려고 눈치를 보며 기회만 엿보고 있지는 않는지 점검하면서 끝까지 겸손하고 낮은 자세로 봉사의 길을 걸어가야 한다.

넓은 문을 버리고 좁은 문으로 들어가는 분들의 귀한 호스피스 섬김을 통해 죽음의 절망이 생명의 소망으로 바뀌는 은혜가 계속 이어져야 할 것이다. 삭막하고 어두운 세상은 이런 좁은 문을 향하여 걸어가고 있는 사람들에 의해 은혜로운 세상으로 유지되고 변화되어갈 것이다.

| 6장 |

"기도만 하면 산다고?"

"이 차가 장의차라고요?"
누구에게나 반드시 온다
"제 신발 좀 챙겨주세요."
죽음을 준비한다는 것은

"이 차가 장의차라고요?"

나는 "사"자가 붙는 직책을 모두 네 가지나 가지고 있다. 약사, 목사, 대형버스 기사, 그리고 장의사다. 그중에서도 장의사 역할을 가장 많이 해온 셈이다. 날마다 장의차를 자가용처럼 끌고 다녔으니까. 그러다 보니 죽음과 관련된 모든 것이 두렵기는커녕 오히려 친근하다.

나는 오랫동안 장의차를 자가용으로 사용한 적이 있다. 이 자가용으로 안 간 곳이 없을 정도로 어디에 가든 날마다 타고 다녔다. 시장에 갈 때도, 손님을 만나러 갈 때도, 강의하러 갈 때도 이 장의차 자가용을 타고 다녔다.

어느 날 강의를 마치고 막 차에 타려는데 여자 한 분이 달려와 태워 달라고 한다.

"목사님, 어디로 가세요?"

"저요? 용인 쪽으로 갑니다만……."

"그래요? 그쪽으로 가시는 길이라면 수지까지 좀 태워주시겠어요?"

"그러세요? 타세요, 그럼. 제가 모셔드릴게요."

그분은 차에 올라타더니 차 안을 휘 둘러본다. 그러고는 갑자기 눈을 동그랗게 뜨고 묻는다.

"이게 무슨 차예요?"

"무슨 차긴요, 자가용이지요. 장의차 자가용……."

여자 분의 얼굴이 갑자기 파랗게 질린다.

"저……, 버스타고 갈래요. 여기, 여기서 빨리 좀 내려주세요."

* * *

시신을 밖으로 운구하려면 앰뷸런스나 장의차를 불러야 한다. 그런데 사실 주민들은 앰뷸런스나 장의차가 동네에 들어오는 것을 매우 싫어한다. 게다가 그 비용이 만만치 않다. 일반적으로 장례비에서 장의차 대여료가 차지하는 비율이 가장 높을 정도다. 그래서 샘물호스피스에서 임종한 환우 가족의 장례비를 줄여주는 방법으로 생각한 것이 바로 장의차를 제공하는 것이다.

나는 생각 끝에 타고 다니던 자가용을 팔고 승합차를 구입했다. 시신을 승합차에 모시고 가다가 중간에서 앰뷸런스에 인계하는 방법을 선택한 것이다. 때로는 비용을 더 줄이기 위해서 승합차에 시신을 싣고 곧장 병원 장례식장으로 가기도 했다.

얼마쯤 지났을까? 이렇게 일반 차량으로 시신을 모시고 다니는 것을 알게 된 장의업자들이 항의하고 나섰다. 그때마다 나는 어려운 사람의 시신을 운구하는 것이라고, 돈이 없는 사람들이라 어쩔 수 없다고 그냥 버텼다.

그러나 이런 일이 자꾸 반복되자 버티는 데도 한계가 왔다. 생각다 못해 승합차를 개조해 아예 장의차로 등록하는 것이 낫겠다고 판단했다. 관을 실을 수 있도록 승합차를 개조한 뒤 시청에 특수여객자동차운송사업차량으로 등록했더니 노란색 영업용 번호판을 달아줬다.

그렇게 해서 그 차가 시신을 옮길 때는 장의차로, 개인적인 볼일이나 가족들과 나들이할 때는 자가용으로 사용되는, 말 그대로 두 가지 기능을 하는 "장의차 자가용" 역할을 하게 된 것이다.

당시에는 아이들이 어릴 때라서 온 식구가 함께 시신 실은 차를 타고 다녔다. 그러다 보면 가끔 아이들이 시신 옆에서 잠이 들기도 하는 웃지 못할 일도 있었다. 우리 아이들은 어릴 때부터 이렇게 시신과 더불어 살았기 때문에 지금도 시신을 무서워한다거나 장의차를 피하려 들지 않는다.

아내도 시장에 갈 때면 영업용 번호판을 달고 있어서 주차비를 절약할 수 있다며 굳이 이 장의차 자가용을 몰고 다녔다. 아내는 장의차로 실어온 음식 재료를 냉장고에 보관하기도 한다. 이것도 죽음의 두려움을 극복하는 한 방법이라면서.

"장의차는 더럽고, 무섭고, 재수 없는 차다."

이런 생각이 한국의 장의문화 현실이다.

장의문화가 제대로 정착하지 못한 몽골에서는 사람들이 시신을 수레에 싣고 가서 얼어 있는 땅 위에 그냥 내다버린다. 몽골에서 짐승들이 시신을 뜯어먹어 유골만 군데군데 남아 있는 흉한 모습을 직접 내 눈으로 본 적도 있다.

우리나라 사람들은 시신을 그렇게 버리지는 않지만 시신을 두려워하고 멀리하는 샤머니즘이 강한 편이다. 결국 죽음을 두려워해서 무조건 피하려고만 하는 문화는, 저마다 정도는 다르겠지만 전 세계적으로 어느 나라 할 것 없이 보편적인 현상이다. 다만 호스피스 활동이 체계적으로 잘 이루어지는 선진국과 달리 한국의 죽음 문화는 시신을 두려워하는 미신 문화이기 때문에 호스피스 사역을 이해하지 못하는 것도 어쩌면 당연한 일일지 모른다.

샘물은 시신 보관용 관과 냉동실, 유골함까지 갖추고 있다. 나는 샘물에서 임종한 환우의 유족에게 유골함을 납골당에 오래 보관하지 말고 되도록이면 빨리 흙으로 보내라고 권한다. 그러나 자녀들이 멀리 있어서 유골이라도 와서 보려고 하는 경우에는 내가 대신 보관해 주기도 한다. 그러다 보면 가끔 그 유골을 내 방에 보관할 때가 있다. 그걸 보는 사람들마다 나에게 "저게 도대체 뭐냐"고 물어본다. 그게 뭔지 뻔히 아는 사람조차 일부러 묻기도 한다. 그때마다 내 대답은 항상 똑같다.

"뭐긴, 꿀단지지."

누구에게나
반드시 온다

호스피스가 뭔지도 모르고 들어온 이혜란 님 이야기는 준비된 죽음이 뭔지, 그것이 무엇을 의미하는지를 전해 준다.

이혜란 님을 도왔던 봉사자 박소정 님이 이혜란 님과 만났던 순간을 정리한 글이 샘물호스피스에서 발간하는 월간지 "샘물호스피스"에 실렸다.

"거기 가면 나을 수 있어?" 하며 묻던 혜란이.

샘물에 들어와서는 "권사님, 저는 아직 나을 거라고 믿고 있어요! 낫겠지요? 기적이라는 것도 있잖아요!" 하는 바람에 엄마의 눈을 퉁퉁 붓게 만든 혜란이.

이제 겨우 스무 살 혜란이는 무릎에서 시작된 골육종이 급격히 전이돼 폐 기능이 거의 마비된 상태로 샘물에 들어왔다.

그런데 얼마 지나지 않아 힘없이 누워서 쓴 편지에 이런 부탁이 담겨 있었다.

"아빠! 나 얼굴만 예쁜 게 아니고 마음은 더 예쁜 딸이라는 거 잊지 말아요!"

"사랑하는, 하나뿐인 내 동생! 누나는 좋은 나라에 가는 거야! 알지? 그러니 울지 말고……."

아! 이미 혜란이는 다 알고 있었다! 스무 살 처녀가…….

그런 혜란이가 임종 직전에 엄마에게 이렇게 말했다.

"엄마……, 나 괜찮아.

나 이제, 그냥 보내줘. 편하게 보내줘……."

엄마는 울지도 못하고 눈을 감은 딸의 몸에 얼굴을 묻은 채 그렇게 오랫동안 움직이지 않았다.

죽음을 두려워하다 보면 되도록 피하려 들고 어떻게든 살아보려고 발버둥치게 된다. 죽음을 피하기 위한 모든 방법을 동원한다. 도저히 고칠 수 없는 병이라고 판명이 나도 전문 병원을 찾고 유명한 의사를 찾아가서 치료에 전념한다.

다행히 발병 초기에 의사를 잘 만나 치료만 잘 한다면 다시금 건강을 찾을 수는 있다. 하지만 병이 깊어져 현대 의료기술로도 어쩔 수 없는 상태에 이른 사람은 의사에게 회복될 수 없는 시한부 말기 환자로 판정

받는다. 그러면 대부분 지푸라기라도 잡는 심정으로 종교를 찾는다. 교회를 찾거나 기도원을 찾아가는 것이다. 그러고는 "나는 반드시 나을 것이다. 나을 수 있다"는 의지를 갖고 오직 회복에만 매달린다. 기적을 기다리며 희망을 버리지 않는다. 그러다 정말 기적처럼 회복된다면 얼마나 좋을까마는 의사가 회복이 불가능하다고 진단한 경우에는 대개 오래 견디기 힘들다.

경기도의 어느 교회 교인 한 분이 샘물에 들어왔다. 그분은 의사에게 회복이 불가능하다는 판정을 받은 말기 암 환우였다. 그런데 얼마 지나지 않아 교회에서 그분을 다시 데려갔다. 교인들은 그분에게 이렇게 말했다.

"힘내십시오. 나을 것이라고 믿고 함께 기도하면 반드시 회복됩니다."

교인들이 그분을 교회 지하 기도실에 모셔놓고 돌아가면서 기도하기 시작했다. "죽을 때까지 최선을 다해야 한다"는 담임목사의 말에 따라 정말 열심히, 최선을 다해 기도했다.

그러나 오래지 않아 그분은 끝내 세상을 떠났다. 오직 "최선을 다하면, 최선을 다해 기도하면 살 수 있다"는 메시지에만 매달리다 아무런 준비도 못한 채 그렇게 허무하게 떠나신 것이다.

샘물에 입원한 환우 중에서, 특히 목사님들에게서도 이와 같은 모습을 볼 때가 있다. 죽을 때까지도 무조건 "살 수 있다"는 생각만 하고 있는 사람에게는, 설령 그분이 목사님이라고 해도 죽음이란 것이 얼마나 비참하고 두려운 것이겠는가. 그런데 하나님의 뜻을 살피는 것이 아니라 인간의 의지에 따라 무조건 "기도하면 이뤄진다"고 믿고 가르치는 이른바 인본주의에 물든 목사님이 의외로 많다.

그분들은 무조건 매달리기만 하면 하나님이 이루어주신다고 믿는다. 이런 믿음은 미국의 로버트 슐러 목사가 말하는 적극적인 사고방식이지 참다운 신앙이 아니다. 슐러 목사는 『적극적 사고방식』과 『불가능은 없다』라는 책을 썼다. 슐러 목사는 그 두 책에서 설명한 적극적인 사고방식을 바탕으로 수정교회(Crystal Cathedral)를 세웠다. 슐러 목사가 말하는 적극적인 사고방식은 하나님의 주권에 항복하는 것이 아니라, 하나님을 이용해서 자기의 뜻을 이뤄보려는 일종의 인본주의일 뿐이다.

인본주의 신학에 빠진 목사는 그동안 하나님을 자신의 틀에 묶어서 활용해 왔는데 죽음 앞에서는 하나님 앞에 자신이 굴복해야 하는 처지가 되기 때문에 갈등을 겪게 되는 것이다.

삶과 죽음 앞에서 하나님이 주인인지, 내가 주인인지를 생각해 볼 일이다.

"제 신발 좀 챙겨주세요."

지방에 있는 어느 교회의 관리집사님이 말기 암 진단을 받았다. 그 집사님의 상황을 알고 있던 담임목사와 교인들은 그 집사님의 회복을 위해 함께 열심히 기도했다.

그렇게 기도한 지 얼마 지나지 않아 집사님은 암이 나은 듯 회복세를 보였다. 그 집사님은 뛸 듯이 기뻤다. 누군가에게 그 사실을 자랑하고 싶었을 것이다. 그분은 자기가 일하는 교회의 교인들 앞에 서서 자신 있게 이야기했다.

"우리 목사님의 능력의 기도로, 우리 성도님들의 믿음의 기도로 저는 이제 다 나았습니다. 하나님의 은혜로 병마로부터 해방되었습니다. 저는 행복합니다."

하지만 행복은 그리 오래 가지 않았다. 그분이 다 나았다고 자랑했던 암이 재발돼 상태가 전보다 더욱 악화되었기 때문이다.

다시 목사님과 교인들이 모여 전처럼 열심히 기도했다. 그러나 이번에는 나아질 기미가 보이지 않았다. 상태는 점점 더 나빠져만 갔다. 이렇게 되자 목사님과 교인들은 그분에게 기도원에 가서 기도하기를 권했다.

기도원에 들어가서 기도해도 병은 회복되기는커녕 더욱 심각해졌다. 그때서야 그분은 깨달았다.

'아, 내 병은 이미 회복이 불가능한 말기 암이구나. 마지막이 가까웠구나.'

마침내 그분은 샘물호스피스로 옮겨왔다. 생의 마지막을 제대로 준비하려고 모든 것을 내려놓고 샘물로 옮겨온 것이다. 그분은 샘물에서 떠날 준비를 모두 마치고 샘물에서 가장 가까운 의과대학에 시신을 기증하겠다고 했다.

우리는 그분에게 조용히 권했다.

"지방에서 오래 살아오셨으니까 원래 다니던 교회에서 장례를 치르고 그 지방의 가까운 의과대학에 시신을 기증하는 것이 좋겠습니다."

하지만 그분은 우리의 제안을 받아들이기가 쉽지 않은 듯 이렇게 말했다.

"나를 살리신 분이 치유 능력이 있는 목사님이라고 교인들 앞에서 간증까지 했는데, 죽어서 내려가면 목사님 체면이 뭐가 되겠습니까? 제가 시신으로 내려간다면 당연히 목사님의 목회 사역에 방해가……."

우리는 말을 잇지 못하는 그분에게 더 이상 지방으로 내려가는 것이 좋겠다고 권할 수가 없었다.

그분과 대화하면서 회복이 불가능한 환자에게 굳이 나을 것이라는 희망을 불어넣어주고 기도라는 수단을 빌려 치유에 매달리게 하는 것이 무모한 일일 수도 있다는 생각을 했다. 일반적으로 병원에서 "회복이 불가능한 환자"로 판명된 경우, 무조건 치유에만 매달리는 것은 결코 바람직한 일이 아니다.

사실 이런 모습은 참 신앙이라고 보기도 힘들다. 오히려 한국 기독교에서 보편적으로 발견되는 샤머니즘적 신앙으로 봐야 한다. 우리는 한국 교회에 퍼져 있는 이런 유의 샤머니즘적 신앙을 견제해야 한다. 이것은 하나님이 아닌 사람을 중요시하는 신앙이기 때문이다.

한국 교회에는 기독교적 죽음관을 방해하는 몇 가지 특징이 있다. 바로 장소를 중요시하고, 사람을 중요시하며, 의식을 중요시하는 신앙으로 일종의 샤머니즘으로 볼 수 있다.

먼저 특정 장소에서만 신과 교류한다는 개념과도 같은 "예배당의 성전화"는 성속(聖俗)을 분리하는 오류, 즉 거룩한 곳과 거룩하지 않은 곳을 구분하는 행위다.

예를 들면 샘물에서의 예배와 출석 교회에서의 예배를 차등 취급하는 경우다. 일요일만 되면 샘물에서 예배를 드리지 않고 꼭 자기가 출석하는 교회에서 예배를 드려야 한다며 집착을 보이는 분들이 있다. 하나님이 출석 교회에서 드리는 예배만 받으시고 샘물에서 드리는 예배는 받지 않으시는가? 그렇지 않다. 예수님은 "두세 사람이 내 이름으로 모인 곳에는 나도 그들 중에 있느니라"(마태복음 18장 20절)고 하셨다.

둘째로 "어느 목사에게 안수기도를 받았더니 병이 나았다더라" 하는 식의 인물 중심 신앙도 샤머니즘적 신앙으로 볼 수 있다. 가끔 나에게도 특별히 안수기도를 부탁하는 환우가 있는데 그럴 때마다 나는 공식적인 예배 중에 드리는 기도도 하나님이 충분히 들으신다고 설득하는 편이다. 사실 목사가 기도해야 하나님이 더 잘 들으시는 것은 아니다. 본인이 직접 기도해도 하나님은 다 들으신다. 더욱이 목사가 안수기도한 뒤에 병이 나으면 하나님이 아니라 목사의 안수기도로 나았다는 오해를 살 수도 있다. 반면 낫지 않으면 하나님께 실망하며 믿음이 흔들리게 된다.

한번은 샘물에 입원한 20대 후반의 젊은 여자 한 분이 외출을 하고 싶다고 했다. 치유 능력이 있는 어느 목사님께 안수기도를 예약했는데 연락이 와서 다녀와야겠다는 것이다.

"몸이 많이 안 좋으신데······. 괜찮으시겠어요? 웬만하면 가시지 않는 게 좋을 텐데요."

"아니에요······. 그 목사님께 안수기도를 받으면······ 나을 수 있어요. 그러니까······ 가야 해요."

숨이 차서 말도 제대로 잇지 못하는 모습을 보며 그렇게 말리는데도 굳이 가야겠다고 버티시는 바람에 우리는 하는 수 없이 들것에 옮겨 보내드렸다.

"제 신발 좀 챙겨 주실래요? 올 때 신고 걸어와야죠."

기어이 떠나는 모습을 보고 있자니 너무도 안타까워서 이렇게 당부했다.

"회복이 되고 안 되고는 모두 하나님 소관이에요, 아시죠? 그러니까 가셔서 목사님께 안수기도를 받아도 낫지 않을 수 있어요. 낫지 못하더라도 시험에 들지 마시고 승리하세요."

얼마 지나지 않아 그 환우는 끝내 그 신발을 신어보지 못하고 세상을 떠났다.

셋째로 "중보기도"나 "철야기도" 같은 의식에 지나치게 의존하는 의식 중심 신앙도 샤머니즘적 신앙이다.

샘물에 입원한 환자 가운데 자기는 절대 죽지 않는다는 환우 한 분이 계셨다. 이유를 물으니 교회 중보기도팀이 기도해 주기 때문이란다. 그분에게 이렇게 물어봤다.

"하나님을 믿어요? 중보기도팀을 믿어요?"

그 환우는 중보기도팀이 철야기도를 하면 하나님이 움직이신다고 믿고 있었다. 심지어 자기 딸에게는 이렇게 말했다.

"내가 죽는다는 생각은 아예 하지 말고 기도만 하렴. 그러면 엄마는 산다."

그러나 그 환우는 세상을 떠났다. 그뿐 아니라 그분이 죽은 지 15일 만에 대학교 1학년인 큰딸도 스스로 목숨을 끊었다.

"기도했는데도 들어주지 않은 그런 하나님을 믿을 필요가 있을까……."

딸은 그 말만 남긴 채 떠나고 말았다. 만일 엄마가 이렇게 말했다면 어땠을까?

"우리 딸! 나는 우리 딸이 너무 가슴 아파하지 않으면 좋겠어. 우리가 기도하면 하나님이 살려주실 수 있지만, 데려가실 수도 있단다."

그랬다면 그 딸이 그렇게 무모한 결말을 재촉하지는 않았을 것이다. 딸뿐인가. 병으로 아내를 떠나보낸 남편, 큰딸이 스스로 목숨을 버린 뒤 고등학생인 둘째 딸과 중학생인 막내아들과 함께 남겨진 남편은 어떻게 마음을 추스를 수 있었을까?

철야기도와 철야농성기도는 다르다. 철야기도는 하나님의 뜻이 이뤄지기를 바라는 기도이지만 철야농성기도는 내 뜻이 이뤄지기를 바라는 인본주의적 기도로, 떼를 쓰는 기도와 같다.

내가 이렇게 이야기하면 "하나님이 고쳐주신다고 믿어야지 왜 죽는다고 믿느냐"며 되레 나를 신앙 없는 사람으로 오해한다. 내 말은 어떤 종교의식 틀 안에 하나님을 넣고 인간이 자기 뜻대로 하나님을 움직이려고 하지 말아야 한다는 뜻이다.

오늘 이 세상을 떠날 것처럼 하나님을 믿고 천국 갈 준비를 철저히 하고, 동시에 이 세상에서 영원히 살 것처럼 하나님이 기뻐하시는 삶을 하루하루 최선을 다해 사는 균형 있는 신앙 자세를 가져야 한다. 자신은 영원히 죽지 않고 살기만을 기대하는 신앙이든, 날마다 떠날 것만 생각하고 이 세상에서 최선을 다해 살지 않는 신앙이든, 모두 한쪽으로 치우친 잘못된 신앙이다.

우리의 뜻을 이루는 데 하나님을 이용하지 말고 하나님의 뜻에 우리가 순종하는 자세를 갖출 때 하나님이 주인 되심을 인정하는 올바른 신앙이 된다.

죽음을 준비한다는 것은

"HODIE MIHI, CRAS TIBI(호디에 미히, 크라스 티비)!"

이 말은 주로 외국의 공동묘지 입구에서 볼 수 있다. 묘지 입구 팻말에 적혀 있는 라틴어 글귀로 "오늘은 나, 내일은 너"라는 뜻이다. 죽은 자가 산 자에게 건네는 말 정도로 보인다. 우리나라에서도 이 글귀를 볼 수 있는 곳이 있다. 바로 천주교 대구대교구청 내 성직자 묘지 입구다.

"호디에 미히, 크라스 티비!"

누구나 부정하고 싶겠지만 내일은 아니라도 언젠가는 내 차례가 온다. 내일의 죽음을 준비해야 하는 것이다. 오늘은 네 차례, 내일도 네 차례, 그리고 다음 날도 네 차례라고 하고 싶겠지만, 내 차례는 영영 오지 않을 거라고 믿고 싶겠지만, 기다리지 않는 내 차례는 반드시 온다.

독일에서 심리학을 공부하다 하나님의 부름을 받아 아프리카 케냐의 오지에서 29년간 사역한 임연심 선교사님의 최근 임종 소식은 사람들을 숙연하게 만든다.

임 선교사는 1987년 5월, 여의도순복음교회 선교사로 정식 파송되었다. 제1호 아프리카 선교사였다. 임 선교사는 문맹률이 95%인 투르카나에서 보육원과 유치원을 운영하며 배고픈 이들에게 먹을 것을 나눠 주고 상처 난 고아들을 어루만졌다. 평생 독신으로 살면서 "아이들이 내 삶의 전부"라고 고백해 온 임 선교사는 오랜 꿈이던 투르카나에 중고등학교를 세우는 일을 추진하다 하나님의 부름을 받은 것이다.

함께 임종을 지켜본 현지 아이들은 "아메 투 아차"라고 부르짖으며 슬피 울었다. 이 말은 "우리를 놓고 그분이 가신다"는 의미의 현지 말이다. 임 선교사는 옆에서 울고 있는 아이들에게 "난 내 사명을 다했단다. 난 이제 가도 아주 행복하다. 행복해"라는 마지막 말을 남기고 하늘나라 여행을 떠났다고 한다.

유명한 설교자 드와이트 무디는 날마다 생의 마감을 준비하고 떠나는 기대감에 차 있었다.

"어느 날엔가 여러분은 동부 노스필드에 살던 D. L. 무디가 죽었다는 신문 기사를 보게 되겠죠. 하지만 절대 믿지 마십시오. 그때쯤이면 저는 지금보다 더욱 풍성한 생명을 누리고 있을 테니까요. 단지 좀 더 높은 곳으로 올라가는 것, 그것이 전부입니다. 흙으로 빚어진 이 오래된 장막을 벗어던지고 불멸의 집으로 들어가는 것입니다. 사망이 다가설 수 없고 죄가 감히 넘볼 수 없는 몸, 그분의 영광스러운 형상대로 지음 받은 몸을 입게 되는 것입니다. 저는 1837년에 육으로 태어났습니다. 그리고 1856년, 영으로 태어났습니다. 육으로 난 것은 죽습니다. 그러나 성령으로 난 것은 영원히 살 것입니다."

늘 그렇게 얘기해 온 세계적인 목회자 무디에게 예기치 않은 날에 임종이 다가왔다. 그가 임종을 준비하던 날 밤부터 새벽 3시까지는 그의 사위 피트가 그의 곁을 지켰고, 그 이후는 그의 아들 윌이 교대해 간호하고 있었다. 무디는 한 시간 정도 자고 일어나 작은 목소리로 말했다.

"땅이 물러가고 하늘나라가 내 앞에 열리고 있구나."

간호하고 있던 아들은 아버지가 꿈을 꾸고 있다고 생각하고 깨우려 했다.

"윌, 이것은 꿈이 아니란다. 참으로 아름답고 황홀하구나. 이것이 죽음이라면 죽음이란 달콤한 것이야. 이곳에는 골짜기가 없어. 하나님이 나를 부르시는구나. 나는 이제 가야 해."

이런 모습은 오직 복음을 아는 사람에게만 가능한 일이다. 복음을 알고 그에 따라 죽음 준비가 잘 된 사람은 죽음이란 과정을 아주 가볍게 통과할 수 있다. 성경은 "나와 죽음의 사이는 한 걸음뿐"이라고 말하기 때문이다(사무엘상 20장 3절).

임연심 선교사와 드와이트 무디, 그들은 죽음을 "한 걸음"으로 통과한 분들이다. 그들도 『실낙원』을 쓴 존 밀턴처럼 "죽음은 영원한 세계를 여는 황금열쇠"라고 믿고 떠났을 것이다.

사람들은 보통 죽음이 임박해도 죽음을 준비해야 한다는 생각을 하지 않는다. 죽음을 준비하면 곧 죽을 것이라고 잘못 생각하기 때문이다.

죽음을 준비한다는 것은 아무것도 하지 않고 무작정 죽을 날만 기다린다는 의미가 아니다.

죽음을 준비한다는 것은 죽음을 이기는 지혜로운 삶의 자세다.

죽음을 준비한다는 것은 더욱 행복한 삶을 누리게 하는 것이다.

죽음을 준비한다는 것은 예수님을 믿고 축복을 누리는 것을 의미한다.

죽음을 준비한다는 것은 당황하지 않고 죽음을 평안하게 맞이할 수 있는 길이다.

죽음을 준비하는 것은 나이가 어린 사람에게도 필요한 것이다.

죽음을 준비하는 것은 삶을 더욱 아름답게 살아가게 하는 힘이 된다.

죽음은 준비한다고 다가오는 것도, 준비하지 않는다고 오지 않는 것도 아니다. 사람들은 곧 나을 거라는 생각 때문에 애써 죽음 준비를 하지 않으려고 한다. 죽음이 끝이 아니고 다음 세상, 천국에 가서 만날 것이라는 믿음만 있다면, 죽음이 두렵지 않고 천국을 소망하게 될 것이다.

PHOTO

:: 승합차를 개조하여 만든 장의차. 죽음을 두려워하며 장의차를 피하려고만 하는 사람들의 의식을 바꿔줄 수단이기도 하다.

:: 죽음은 끝이 아니다. 천국을 소망하는 사람에게 죽음은 천국이라는 아름다운 세상으로 이사 가는 과정일 뿐이다.

장례, 이렇게 바꿔보세요

1. 임종 후

1) 수시(收屍) : 인체의 열린 부분(코, 귀, 입, 항문 등)을 막고, 양손과 양발이 흐트러지지 않도록 모으며, 시신을 똑바로 눕혀 놓고 홑이불을 덮어두는 절차
2) 천국환송예배 : 관에 시신을 넣고 얼굴을 마지막으로 보면서 천국환송예배를 드린다. 천국에 먼저 가신 분을 환송한다는 의미에서, 이 세상에 남아 있는 이들도 곧 그곳으로 간다는 의미에서 "천국환송예배"라고 부른다. 그래서 영원한 이별이란 뜻이 담긴 영결식, 영결예배라는 말은 사용하지 않는다.
3) 출관예배
4) 화장 및 하관예배(매장의 경우)

2. 장례 후

* 화장하는 경우, 유골을 즉시 흙으로 돌려보내도록 한다. 예) 수목장
* 시신 기증의 경우, 장례 후 환우 본인과 가족이 원하는 의과대학 해부학교실에 기증한다.

1) 귀가예배 : 상실의 슬픔과 지쳐 있는 유가족들을 위로하는 예배를 드린다.
2) 첫 성묘 : 적당한 날과 장소를 선택하여 가족, 친지들이 모여 예배를 드린다(매장하는 경우 매장지에 모여서 첫 성묘를 하게 된다).
3) 추모식(히브리서 11-12장) : 추모의 목적은
   _ 떠나신 분이 땅 위에서 살아오신 과거를 다시 돌아본다.
   _ 떠나신 분이 살아 계실 때에 후손들에게 끼친 모습을 되새겨 본다.
   _ 예수님을 구주로 모시고 하나님의 말씀에 순종하는 삶을 살기로 결심한다.

3. 개선되어야 할 장례용어와 절차

1) 삼우제 → 첫 성묘
2) 발인예배 → 출관예배
3) 명복을 빕니다 → 하나님의 위로가 함께 하시기를……
4) 영면 → 소천
5) 영결식 → 천국환송예배
6) 영안실 → 가족실

4. 기독교 장례문화 개발을 위한 몇 가지 제안

1) 교회 건축 시 장례공간 설치
2) 결혼예비교실처럼 임종예비교실 마련
3) 장례 분위기를 밝게 : "천국환송예배" 현수막 마련
4) 기독교 장례문화 정착

   : 수의와 상복 문화 개선

   : 문상 시 음식 대접 문화 개선
5) 묘지문화 개선

   : 화장이나 시신 기증 장려-매장, 화장은 부활과 무관하다.

   : 납골문화 → 즉시 흙으로 돌려보내는 문화로 변경(창 3:19)
6) 장례식을 통해 천국 소망을 심어줄 수 있도록
7) 통일된 장례지침

   : 장례순서의 통일, 조문시간과 예배시간의 일원화
8) 자신의 장례를 가상으로 체험하는 기회 제공

| 7장 |

아는 것 세 가지,
모르는 것 세 가지

알면 이깁니다
"절망 앞에 있는 이들을 행복하게 해주던 사람으로 기억해 주세요."
함께 쓰는 유언장
아름다운 마지막 여행
두려움 없는 마지막을 준비하며

알면
이깁니다

　사람들은 누구나 죽음을 두려워한다. 특히 우리나라 사람들은 죽음뿐만 아니라 죽음과 관련된 것까지 꺼리는 경향이 있다. 되도록이면 영안실을 피하고 공동묘지는 에둘러 피해 다닌다. 이렇게 꺼리고 피한다고 해서 죽음이 찾아오지 않는 것도 아니고 가까이 한다고 해서 죽음을 재촉하는 것도 아닌데 말이다. 누구에게든 죽음이 피할 수 없는 "과정"이라면 차라리 죽음 앞에 의연히 서서 죽음을 잘 이해하고 준비해 가면 좋지 않을까?

　보건복지부에서 최근 시민들을 대상으로 죽음 준비를 어떻게 생각하고 있는지 조사했다. 조사 결과, 겨우 25%만이 "죽음을 차근차근 준비해야 한다"고 답변했다. 대부분이 생의 마지막을 준비할 생각조차 하지 않는다는 말이다.

　사람들이 평소에 늘 죽음을 준비하고 살아야 하는 이유는 죽음에 대하여 모르는 세 가지가 있기 때문이다. 우리는 언제 죽을지 모르고, 어디서 죽을지 모르고, 어떻게 죽을지 모른다. 갑자기 죽음을 맞이한 가족들은 "네가 여기서, 이렇게 죽다니……" 하면서 울부짖는다.

나는 그런 안타까운 모습을 접할 때마다 죽음은 항상 언제, 어디서, 어떻게 다가올지 모르는 것이기 때문에 평소에 늘 죽음 준비를 해두어야 당황하지 않고 은혜롭게 죽음을 맞이할 수 있다고 스스로 다짐한다. 그리고 내 가족은 물론이고 만나는 사람들에게 부지런히 죽음을 준비시키기 위해 노력한다.

요즘은 예상하지 못한 장소에서, 생각지도 않은 소중한 이들을 아무 준비 없이 떠나보내고 안타깝게 애통해하는 경우를 자주 본다.

몇 년 전 어느 교회에서 천장이 무너져 학생들을 가르치던 교사가 현장에서 죽은 사건이 있었다. 강의를 하거나 예배를 드리다가도 천장이 무너져 죽을 수 있다.

삼풍백화점 붕괴 사고, 성수대교 붕괴 사고, 대구지하철 화재 참사, 미국 세계무역센터 폭파 사건처럼 여러 곳에서 들려오는 끔찍한 소식과 예상치 못한 사건을 통해 죽음이란 언제, 어디서, 어떻게 다가올지 모르는 현상이란 걸 분명히 알 수 있다. 그렇기 때문에 죽음을 철저히 준비하는 것은 지혜로운 삶의 자세이다.

샘물호스피스에서 말기 암으로 투병 생활하시는 환우 가운데 대부분은 자기가 이렇게 암으로, 이 나이에, 여기서 죽게 될 줄은 꿈에도 생각하지 못했다는 말을 한다. 이처럼 자신의 죽음을 전혀 염두에 두지 않고 오직 사는 데만 급급하다가 갑자기 죽음이라는 현실에 부딪혀 분노와 두려움 속에서 지내는 이들이 많다. 이런 사람들을 만날 때마다 나는 이들과 같은 모습으로 마무리해서는 안 되겠다고 생각하면서 죽음 준비를 더욱 철저히 한다. 그들이 나에게 가르쳐 준 삶의 교훈이 얼마나 큰지 모른다.

우리는 죽음에 대해 잘 모르기 때문에 죽음을 두려워한다. 그런데 우리는 죽음에 대해 아는 것도 세 가지 있다. 죽음은 순서 없이 누구나 한 번은 가는 길이며, 동행이 없고, 아무것도 가지고 가지 못한다는 것이다. 죽음에 대해 아는 것을 가지고 우리가 차분히 죽음을 준비한다면, 모르는 것 세 가지 역시 염려하지 않아도 될 것이다.

첫째, 죽음은 순서 없이 누구나 한 번은 가는 길이다.

죽음에서 제외될 사람은 이 세상에 아무도 없다. 오는 순서는 있어도 떠나는 순서는 없다. 그래서 죽음 준비는 나이가 어려도 해야 한다.

샘물에서는 나이 어린 암 환우들도 많이 들어와 세상을 떠난다. 나이가 많다고 먼저 이 세상을 떠나는 것도 아니고, 나이가 적다고 나중에 떠나는 것도 아니다.

그래서 나는 자녀들에게 어릴 때부터 유언장을 쓰게 하고 죽음 준비를 시켰다. "아빠 엄마가 먼저 떠날 수도 있고, 너희들이 먼저 떠날 수도 있다"는 사실을 늘 가르쳤다. 부부가 아이들을 두고 함께 외출하거나 여행을 갈 때는 아빠 엄마가 못 돌아올 수도 있으니 그럴 때는 어떻게 살라는 말을 두 딸에게 당부해 두는 것이 습관처럼 되었다. 이제는 아이들도 아빠 엄마를 준비시킨다. 자기들이 먼저 떠날 수도 있으니까 그때 너무 충격 받지 마시라고…….

이런 자세로 살면서부터는 날마다 가족과의 만남이 기적이요, 행복이다. 그리고 순간마다 최선을 다해 살려는 마음을 가지지 않을 수 없다. 죽음을 생각할 때 오늘의 삶이 더 의미 있게 느껴지기 때문이다.

우리 가족들이 서로 죽음을 준비하며 행복하게 살다가 큰딸이 대학을 졸업하는 해에 자동차 사고를 당한 일이 있었다. 겨울에 차를 몰고 샘물로 봉사하러 오던 길이었다. 신호등 앞에서 대기 중이었는데 뒤에서 오던 트럭이 눈길에 미끄러지면서 큰딸의 차를 들이받은 것이다. 마침 현장을 지나가던 어떤 사람이 딸의 휴대전화로 상황을 전해 주었다. 차가 휴지조각같이 찌그러지고 운전하던 여자가 피투성이가 되어 병원으로 실려 갔다고 말이다. 그 말을 듣는 순간 깜짝 놀랐지만 한편으로는 '올 것이 정말 왔구나' 하는 침착한 마음도 들었다.

"아빠, 다 왔어요."

"그래, 어서 와라."

이렇게 통화한 지 5분밖에 안 됐는데 이런 사고가 나다니……. 아내는 그 자리에 풀썩 주저앉아 일어나지도 못할 정도로 큰 충격을 받았다. 그렇지만 평소에 늘 죽음 준비를 해두었던 탓에 바로 정신을 차리고 병원으로 달려갔다. 가는 동안 딸이 평소에 유언으로 남긴 말을 생각해 보았다.

"아빠! 엄마! 제가 만약 먼저 하나님 나라로 이사 가면 제 장례식 때는 '내 주 되신 주를 참 사랑하고' 찬송을 불러 주세요. 장기는 필요한 사람들한테 다 나누어주시고, 시신은 의과대학에 기증해 주세요."

그 말을 기억하면서 '만약 지금의 상황이 그런 것을 결정해야 한다면 딸이 평소에 원하던 대로 해주어야지……' 라고 단단히 마음먹고 병원 문을 들어섰다. 그런데 딸이 "아빠!" 하면서 내 품에 안기는 것이 아닌가! 응급실이나 중환자실, 아니면 영안실에 있을 것이라고 생각했는데 딸은 일반 병실에 입원해 있었다.

다행히 머리만 조금 다쳤다는 말을 들으면서 '내가 딸의 죽음을 너무 많이 준비했구나' 싶었지만, 평소에 가족들이 죽음 준비를 미리 해둔 것이 이런 엄청난 사건 앞에서 정신을 차릴 수 있도록 하니 얼마나 다행인가 하는 생각도 들었다.

큰딸은 2006년 3월에, 작은 딸은 10월에 결혼했다. 둘 모두 언제 또 다가올지 모르는 죽음을 대비하며 매일 최선을 다해 행복하게 살아가고 있다. 내 자녀들도 언제든지 떠날 수 있다고 생각하면 하루하루, 순간순간이 너무나 소중해서 가족들을 사랑하며 살지 않을 수 없다. 가족 간에 서로 사랑하면서 살다가 떠나가는 것이 가장 행복한 삶이요, 아름답게 인생을 마무리하는 것이다.

둘째, 죽음의 길에는 동행이 없다.

죽음은 참으로 외롭고 두려운 길이다. 죽음 앞에 있는 말기 암 환우들은 주로 밤에 잠을 잘 자지 못한다. "밤에 혼자 있다가 외롭게 떠나게 되지 않을까" 하는 불안감 때문이다. 그래서 자기를 도와줄 사람이 적은 밤보다는 쉽게 도움을 받을 수 있는 낮에 더 안심하고 편하게 잠을 잔다.

임종이 가까워지면 환우들이 대개 손을 흔든다. 외롭고 두려우니 손 좀 잡아달라는 신호다. 그럴 때 사람들은 대부분 무섭다며 손을 잡아주지 않고 그 자리를 피한다. 사람이 죽을 때는 입으로 병균이 나온다며 도망가기도 하고, 귀신이 달려들지 모른다며 무서워서 피하기도 하고…….

호스피스는 두려운 죽음을 외롭게 맞이하지 않도록 환우들의 손을 끝까지 붙잡아 주는 봉사다. 마지막 죽음의 문턱까지 외롭지 않게 동행하는 봉사다. 그 순간 그들이 행복해하는 모습을 보면서 큰 보람을 느낀다.

인생길을 걸어가며 가장 외롭고 두려운 죽음의 길목에 들어서지 않을 사람은 이 세상에 아무도 없다. 그때 누군가의 위로를 받으며 죽는다면 그야말로 행복한 죽음일 것이다. 외롭게 죽어가는 이들을 불쌍히 여기며 손을 붙잡아 준다면 언젠가 내가 죽을 때에도 불쌍히 여김을 받아 내 손을 붙잡아 줄 사람들을 만나게 되는 복을 받을 것이다.

"긍휼히 여기는 자는 복이 있나니 그들이 긍휼히 여김을 받을 것임이요"(마태복음 5장 7절).

말기 암 환우와 그 가족들의 손을 붙잡아 줄 때 그들이 눈물을 흘리면서 고마워하는 모습을 보면 인생의 어려운 길목에 있는 이들을 위로해 주는 것이 바로 사랑임을 알 수 있다. "둘이 가는 길 함께 가는 길"(작자 미상)이라는 시가 그런 의미를 잘 담고 있다.

둘이 가는 길 함께 가는 길,
사랑한다는 것은 그런 것이다.
어느 날 물 차오르는 해변에서 손을 잡듯이……
하도 풍파가 많아 숨도 못 쉴 것 같은 세상에서
손 내밀면 가만히 잡혀 오고,
손 내밀면 가만히 잡아주는
사랑한다는 것은 그렇게 소박한 노동이다.

죽음을 준비한다는 것은 혼자 외롭게 죽지 않기 위해 부축해 줄 사람들을 평소에 많이 만나고 사귀어 두는 것을 의미한다. 그리고 죽음 이후의 시간에도 혼자 외롭게 지내지 않고 함께 살 분을 미리 만나는 것이다. 성경은 죽음 이후에도 우리와 함께 천국에서 영원토록 함께 사실 분이 하나님이라고 밝히고 있다.

"또 내가 새 하늘과 새 땅을 보니 처음 하늘과 처음 땅이 없어졌고 바다도 다시 있지 않더라 또 내가 보매 거룩한 성 새 예루살렘이 하나님께로부터 하늘에서 내려오니 그 준비한 것이 신부가 남편을 위하여 단장한 것 같더라 내가 들으니 보좌에서 큰 음성이 나서 이르되 보라 하나님의 장막이 사람들과 함께 있으매 하나님이 그들과 함께 계시리니 그들은 하나님의 백성이 되고 하나님은 친히 그들과 함께 계셔서 모든 눈물을 그 눈에서 닦아주시니 다시는 사망이 없고 애통하는 것이나 곡하는 것이나 아픈 것이 다시 있지 아니하리니 처음 것들이 다 지나갔음이러라"(요한계시록 21장 1-4절).

하나님을 믿는 이들은 소망을 안고 이 땅을 떠날 수 있다. 외롭고 두려운 죽음을 맞이하는 이들에게 샘물에서는 "주님여 이 손을 꼭 잡고 가소서"라는 찬송을 기도하는 마음으로 불러주며 위로해 주고 있다.

주님여! 이 손을 꼭 잡고 가소서

약하고 피곤한 이 몸을
폭풍우 흑암 속 헤치사 빛으로
손잡고 날 인도하소서

인생이 힘들고 고난이 겹칠 때
주님여! 날 도와주소서
외치는 이 소리 귀 기울이시사
손잡고 날 인도하소서!

찬송을 듣고 부르는 것은 하나님이 인간을 만드신 목적이기 때문에 샘물에서는 환우가 천국으로 이사 가실 때 찬송을 많이 불러준다.

"이 백성은 내가 나를 위하여 지었나니 나를 찬송하게 하려 함이니라" (이사야 43장 21절).

셋째, 죽음의 길에는 아무것도 가지고 가지 못한다.

"그가 모태에서 벌거벗고 나왔은즉 그가 나온 대로 돌아가고 수고하여 얻은 것을 아무것도 자기 손에 가지고 가지 못하리니"(전도서 5장 15절).

많은 사람의 죽음을 지켜보면서 느끼는 것은 가난한 자가 부자보다 더 평안하게 세상을 떠난다는 사실이다. 이때 가난한 자와 부자의 개념은 소유의 많고 적음만을 의미하지 않는다. 비록 소유한 것이 적어도 이 세상 것에 미련이 많아 끝까지 움켜쥐고 집착하는 사람은 부자다. 반면 많은 것을 가지고 있어도 이 세상 떠날 때는 다 두고 간다는 마음으로 주어진 시간 동안 열심히 나누고 사는 사람은 가난한 사람이다.

어느 할머니께서 암으로 죽어 가시면서 유독 죽음을 받아들이기를 힘들어하셨다. 이유를 들어보았더니 가지고 계신 돈 때문이라는 것이다. 그래서 얼마나 가지고 계시냐고 여쭈어 보니 통장에 600만 원이 들어 있다고 하셨다. 그것 때문에 편하게 떠나지 못하시는 그 할머니는 600만 원을 600억 원 정도로 생각하고 집착하는 분이다.

어느 40대 중반의 젊은 여자 분은 자신이 평생 노력하여 장만한 아파트에 집착하고, 어떤 분은 자녀들 때문에 떠나기 힘들어하고, 어떤 목회자는 자신이 평생을 바쳐 세운 교회를 움켜쥐고 괴로워한다.

그 반면에 수백억 원을 사회에 환원하면서 노후를 의미 있게 보내는 분도 있다. 이런 분은 많이 가졌지만 가난한 분인 것이다.

지금 가장 소중하게 붙잡고 있는 것이 무엇이든지 우리는 다 두고 가야 한다. 이 세상 것들이 아무리 좋아도 하나도 가지고 가지 못하는 것이 우리 인생이다. 성경은 이 세상을 떠날 때 딱 한 가지, "그들(자신)의 행한 일"만 따라 다닌다고 말한다(요한계시록 14장 13절). 그 외에는 다

두고 가야 한다. 그래서 수의에는 주머니가 없다. 사람들이 어리석게도 돈주머니를 따로 만들어 관 속에 넣지만 아무런 소용이 없는 일이다. 빈손으로 이 세상에 들어 왔듯이 빈손으로 이 세상을 떠나야 한다.

내가 가지고 있는 돈은 내 몫이 아니다. 내가 사는 동안 사용한 돈이 내 몫이고 그 다음은 다 두고 가야 한다. 이 세상보다 더 좋은 세상이 죽음 이후에 기다리고 있음을 알고 이 세상의 것들에 너무 집착하지 않으며 하나님이 기뻐하시는, 나누는 삶을 생의 목표로 삼고 사는 이들은 이 세상을 가치 있게 살아갈 수 있다.

죽음 앞에 있는 이들에게는 "죽음이 끝이 아니다!"라는 말이 정말 희소식이 된다. 성경은 죽음 이후의 삶이 더 좋다는 사실을 분명히 밝히고 있다. 죽음 이후의 삶을 희망적으로 소개할 때 죽음 앞에 있는 이들이나 그 가족들의 절망은 희망으로 바뀌게 된다.

　　　죽음은 마침표가 아닙니다　　　_ 김소엽(시인)

죽음은
마침표가 아닙니다.
죽음은 영원한 쉼표

남은 자들에겐

끝없는 물음표

그리고 의미 하나
땅 위에 떨어집니다.
어떻게 사느냐는
따옴표 하나

이제 내게
남겨진 일이란
부끄러움 없이
당신을 해후할
느낌표만 남았습니다.

죽음은 마침표가 아니라 영원한 쉼표라고 믿는 사람, 영원히 쉴 곳이 천국이라고 믿는 사람에게는 죽음 준비가 의외로 쉽다. 그렇다면 죽음 준비는 언제, 어떻게 할 것인가?
　죽음 준비를 해야 한다고 느끼는 그 순간부터 죽음 준비를 하는 것이 가장 좋다. '뭐? 벌써? 죽기 전에 준비하면 되는 거지, 굳이 지금부터 준비해야 할까?' 라는 생각을 한다면 이미 늦은 것이다. 자신이 언제 죽을지 아는 사람은 아무도 없기 때문이다.

죽음을 어떻게 준비할 것인지는 직접 글로 써 보는 것, 이보다 더 쉽고 좋은 방법은 없다. 그렇게 써 놓은 것이 바로 유언장이 된다. "미리 쓰는 유언장"은 그리 어렵지 않으며 기분이 상할 일도 아니다. 이제 기쁨으로 유언장을 미리 써 보면서 죽음 준비를 시작해 보자.

"절망 앞에 있는 이들을 행복하게 해주던
사람으로 기억해 주세요."

우리나라에는 예부터 살아있을 때 윤달에 수의와 관을 미리 준비하는 풍습이 있다. 그렇게 하면 "오래 산다"고 생각했기 때문이다. 다른 한편으론 죽음을 미리 준비해서 마음을 새롭게 하여 여생을 안정감 있고 평안하게 보내려는 우리 조상의 지혜를 엿볼 수 있는 대목이기도 하다. 수의와 관을 준비하는 것보다 훨씬 쉽고 의미 있는 준비가 있다. 바로 유언장을 준비하는 것이다.

죽음을 준비한다는 것은 죽음을 앞두고 자신을 정리하는 일이다. 신과의 관계, 이웃과의 관계, 소유물과의 관계, 일과의 관계, 자신과의 관계 등 적어도 다섯 가지 정도는 정리해야 한다. 이 다섯 가지 관계를 깔끔하게 정리하는 데는 유언장 작성보다 더 좋은 방법이 없.

사람은 죽음 앞에서 가장 솔직해진다. 그런 솔직하고 겸허한 마음을 유지한 채 유언장을 미리 써 보면 의외로 쉽게 정리할 수 있다. 유언장을 쓰지 않는다고 해서 오래 사는 것도, 유언장을 미리 쓴다고 해서 죽음을 앞당기는 것도 아니다. 유언장을 쓰는 것은 아름다운 삶의 흔적을 남겨 후대 사람들에게 본이 되는 삶을 살았다고 평가받는다는 의미가 있다.

유언장을 쓰기에 앞서 하나님이 죽음 이후의 삶을 아름답게 보장해 주신다는 믿음을 가져야 한다. 그리고 하나님께 돌아가면 다시 만날 수 있다는 소망을 굳게 유지한다는 내용을 유언장에 담아야 한다. 이렇게 쓴 유언장은 가족들에게 가장 좋은 선물이 될 것이다.

또 시간이 있을 때 사랑하는 가족에게, 친구와 이웃들에게 하고 싶은 말을 미리 남겨 후회 없는 마무리가 되어야 한다. 내가 떠나는 시간을 맞이할 때 누군가에게 꼭 하고 싶은 말이 있다면 그것을 미리 유언장에 써 놓는 것도 남은 이들을 사랑하는 방법이다.

죽고 나면 돈을 빌려간 사람은 안 나타나고 돈 받을 사람만 나타난다고 했던가? 재산, 부채, 상속 문제, 보험, 가구 처리 등을 어떻게 처리하는 것이 좋을지 미리 유언장에 자세하게 적어두어야 남은 가족들에게 쓸데없는 부담을 주지 않는다. 그러나 재물의 상속보다 신앙의 유산 상속이 자손들을 지혜롭고 화목하게 살게 하는 지름길이 된다는 점을 새겨둬야 한다.

마지막으로 훗날 혹 식물인간이 되었을 때 장례 문제나 시신이나 장기 기증 등 자신의 마지막에 처리해야 할 일을 세밀하게 유언장에 적어두면 남은 이들이 고민하지 않고 쉽게 처리하는 데 도움이 된다.

사람은 첫인상도 중요하지만 마지막 뒷모습이 더욱 아름다워야 한다. 가정, 직장, 교회, 모임 등에서 자신이 맡고 있던 일을 잘 처리하고 떠나는 뒷모습은 아름다울 수밖에 없다.

유언장을 처음 작성하려는 사람에겐 미리 유언장을 쓴다는 것이 어려울 수 있다. 먼저 마음 정리가 필요하고, 무엇을 어떻게 쓸 것인지 구체적인 내용 정리도 필요하다. 그래서 처음 유언장을 써 보려는 사람에게 도움을 주고자 필자가 쓴 유언장을 예시문으로 실어본다.

생의 마지막으로 남기는 글

원주희(520810-*******)

저의 어머니(장월순)가 1999년 1월 12일 오전 7시 30분에 갑자기 소천 받으시면서 아무런 말씀이나 유언을 남기지 않으셨기 때문에 가족들이 매우 안타까운 마음으로 큰 충격 속에서 장례를 치렀습니다. 죽음에 대한 어떤 준비도 없이 훌쩍 이 세상을 떠나는 것이 남은 가족들에게 얼마나 큰 고통이 되는지 저의 어머님을 통해 더 철저히 느꼈기 때문에 이전에 써두었던 저의 유언을 좀 더 구체적으로 정리하면서 이 글을 남깁니다. 그래서 제가 언제, 어디서, 어떻게 이 세상을 떠난다 할지라도 남은 제 가족들과 저를 아는 모든 분들에게 위로와 소망을 안겨드리고 싶습니다.

특히 2005년 11월 24일 오후 1시 25분경 한성태 손위 처남이 2005년 7월 1일 췌장암 진단을 받고 4개월 23일 만에 가족들 곁을 떠나 천국으로 가신 이후 허광자 처남댁과 가족들이 상실의 아픔으로 많이 힘들어 하고 안타까워했기 때문에 앞으로 제게 그런 시간이 와도 가족들이 담대하게 살아주기를 바라는 마음으로 이 글을 남깁니다.

1. 하나님에 대하여

"나의 구원과 영광이 하나님께 있음이여 내 힘의 반석과 피난처도 하나님께 있도다"(시편 62편 7절).

이 말씀을 의지하고 찬송가 "내 구주 예수를 더욱 사랑"을 좋아하며 살았던 믿음의 사람으로 모든 사람에게 기억되길 원합니다. 제가 이 세상을 떠나는 것은 하나님의 품으로 들어가 안식하기 위함입니다. 이 땅에서의 수고를 끝나게 하신 하나님의 특별하신 배려이기 때문에 저를 아는 분들, 특히 제 아내, 딸들(종은, 종민)과 사위들(이종호, 이재홍), 손주들(이정원, 이승원, 이하은, 이하진)은 너무 안타까워하거나 슬퍼하지 마십시오. 먼저 평안한 곳에 가서 가족들에게 미안하지만 이 세상에서의 고생을 다 끝내고 평안히 쉬고 있는 저를 생각하면서 기뻐해 주십시오.

2. 사랑하는 이들에 대하여

사랑하는 아내, 한광숙에게

  1972년 겨울 흑석동에서 만난 지가 엊그제 같은데 벌써 40년이 되었군요(1977년에 결혼하였으니 2012년 올해가 결혼 35주년). 늘 하나님이 당신을 만나게 해주셨다고 생각하며 살았다오. 당신을 만난 것은 정말 나에게 행운이었다오. 잠깐 헤어졌다가 다시 만나 영원히 살날이 있기에 홀가분한 마음으로 떠난다오. 혹 나를 다시 만나는 것이 당신에게 지겨울지 모르지만 나는 좋다오. 하나님이 짝 지어주셨기에 영원히 같이 살 각오를 합시다. 천국에서는 이 땅에서와 같이 내가 당신에게 짐만 지어주는 존재가 아닐 것이니 안심하고 기쁨으로 만납시다.

  호스피스와 자녀들의 무거운 짐을 많이 남겨두고 가는 것이 아닌지 모르겠소. 먼저 좋은 곳으로 가는 나를 용서해 주오. '내 남편에게 휴식이 필요했는데 이제 모든 짐을 내려놓고 편히 쉬겠구나'라고 생각하고 위로 받기 바라오.

  아이들이 반대하더라도 다른 남자를 만나 나하고 함께하지 못한 좋은 추억들을 만들어 보시오. 마음에 없는 그런 말이 아닌 나의 진심이라오. 그러나 재혼 문제는 당신이 편한 대로 하시오. 나와 좋지 않았던 추억은 다 잊어버리고 좋은 기억만 해주기 바란다오.

  나는 당신을 좋은 아내, 좋은 사모, 예쁘고 좋은 엄마로 기억하면서 떠나겠소. 다시 만날 때까지 좋은 시간을 보내기 바라오. 내가 떠난 뒤에는 호스피스 일에 관여하지 말고 이사회의 결의에 모든 것을 맡기고 가능하면 호스피스와 멀리 떨어져 지내는 것이 바람직하다는 것을 명심하시오. '내 남편이 심혈을 기울여 하던 일인데' 하고 애착을 가지면 호스피스 발전에 도움이 되지 않는 존재가 될 것이오. 다만 뒤에서 기도와 물질로 돕는 일은 계속해야 한다는 것을 잊지 마시오.

  사랑하는 종호–종은, 재홍–종민이에게

  종은이와 종민이는 아빠와 한 침대에서 자다가 함께 천국 가자고 했는데 아빠만 먼저 가서 미안하다. 하나님의 뜻으로 받아들이고 힘을 내어라. 할머니가 갑자기 떠나셨을 때 아빠가 얼마나 섭섭해하고 힘들어했는지 너희들은 잘 알 것이다. 너희들은 정이 많고 아빠를 무척 좋아했으니까 지금 아빠가 간 뒤에 아마 아빠가 할머니를 떠나보내고 힘들어한 것 이상으로 마음이 허전하고 슬플 것으로 안다. 엄마와 너희들이 너무 힘들어하지 않게 하기 위해서 아빠가 이 글을 쓰고 있는 것이니 위로 받기 바란다.

  종은이는 주님 안에서 배우자를 만나 2006년 3월 25일 오후 2시 교육문화회관에서 손봉호 박사님의 주례로 하나님이 기뻐하시는 가정을 이루게 되어 하나님께 정말 감사드린단다. 너에게 주신 재능들을 잘 활용하여 남편을 내조하고 자녀들을 양육하여라. 네 결혼 문제로 종민이와 아빠, 엄마가 너에게 많은 부담을 주어서 미안하다. 너를 사랑하고 우리 가족을 서로 너무 사랑하기 때문에 그런 것이라고 생각하고 종민이를 사랑해 주어라. 어느 경우에도 웃음을 잃지 않는 좋은이가 되길 바란다. 하나님께서 보내주신 정원, 승원이를 믿음 안에서 잘 키워라.

종민이도 주님 안에서 배우자를 만나 2006년 10월 21일 오후 1시 압구정교회에서 손봉호 박사님의 주례로 가정을 이루게 하신 하나님께 감사드린다. 하나님께 영광 돌리는 삶을 살고 언니 결혼 문제로 많은 부담이 있었는데 잘 참아주어 고맙다. 어느 곳으로 하나님께서 인도하시더라도 주어진 자리에서 모든 일을 믿을 만하게 감당하기를 바란다. 하나님께서 보내주신 하은, 하진이를 믿음 안에서 잘 키워라.

믿음직하고 착한 종호와 재홍이 아들 둘을 2006년에 함께 보내주신 하나님께 감사드린다. 아빠가 없는 가정에서 이제 종호와 재홍이가 가장 역할을 하면서 아내와 자녀들, 홀로 남으신 어머니를 잘 돌보아드려라. 아빠는 하나님이 너희들을 만드신 계획에 맞추어 행복하게 사는 자녀들과 가정이 되길 바라고 기도하며 떠난다.

모두 건강을 위해서 운동을 열심히 하고 음식을 조심해서 먹고, 너무 늦게 자고 늦게 일어나지 마라. 스트레스 관리를 잘 해라. 하나님 말씀을 묵상하고 기도하는 일을 게을리 하지 말기 바란다. 소득의 십

일조를 드리고, 소득의 삼십분의 일조는 구제에 쓰는 생활을 해라. 사업이나 무슨 일을 하든지 하나님께 영광 돌리는 삶을 사는 목표를 가져야 한다.

큰딸 좋은이는 다른 사람의 잘못을 너그럽게 이해하는 온유함을 위해 기도하고, 둘째딸 종민이는 모든 일에 자신감을 갖고 살아가게 해달라고 기도하며 힘차게 살아라. 둘 다 남편과 시댁 식구에게 충성을 다하여라. 아울러 엄마도 너무 외롭지 않도록 섬겨드려야 하는데 시댁 식구들에게 부담을 주지 않는 범위에서 하여라. 엄마도 너희들의 행복을 위하여 그것을 원하시리라 믿는다. 아빠는 너희들을 지극히 사랑하며 자랑스럽게 생각하고 떠난다. 천국에서 다시 기쁜 얼굴로 만나자.

큰사위 종호는 좋은이를, 둘째사위 재홍이는 종민이를 내 몸과 같이 사랑하며 어머님을 나 대신 잘 돌봐드리고 가정을 신앙으로 이끌어가는 제사장의 직분을 잘 감당해 주길 바란다. 종호는 재능을 잘 살려 하나님이 기뻐하시는 삶을 힘차게 살아가라. 재홍이도 사업을 통해 하나님께 영광 돌리며 하나님의 지혜로 사업체를 잘 이끌어가도록 노력해라.

아빠가 하는 호스피스 사역 때문에 가족들이 모두 힘든 삶을 살아올 수밖에 없게 된 것이 미안하지만 하나님께 가서 상 받을 것을 기대하고 이해해 주길 바란다.

저를 아는 모든 분들에게

부족한 저를 지금까지 사랑해 주셔서 감사드립니다. 다음에 천국에서 부끄러움 없이 만나 뵐 수 있기를 바랍니다. 저를 사랑해 주신 것같이 남겨둔 제 가족들을 위해 기억나는 대로 기도해 주시고, 제가 떠난 뒤에 아무도 연락하는 사람이 없어서 너무 외롭지 않도록 가끔 안부를 물어주시기 바랍니다. 특히 제 아내가 힘을 내어 살아갈 수 있도록 지켜보아 주십시오.

3. 소유물에 대하여

제 명의로 된 샘물호스피스의 모든 재산(목록 1번 참조)은 이사회의 결의에 따라 샘물에 귀속시켜 주십시오.
제 명의로 된 개인 재산(목록 2번 참조)은 가족들이 의논하여 정리하되 가능하면 샘물에서 필요한 것들은 기증해 주십시오. 주어진 것에 만족하며 기회가 되는 대로 선한 일에 물질을 사용하고 모든 것을 하나님께서 주신 것임을 알고 청지기 마음으로 살아주십시오. 가장 안전한 저축은 하늘은행에 하는 것임을 기억하고 하나님께 상급 받을 것을 기대하며 세상의 것들에 너무 욕심 부리지 말고 하나님이 기뻐하시는 삶을 사시길 기도드립니다.

4. 일에 대하여

저의 전 인생을 바쳐 섬겨온 샘물호스피스 사역은 제가 떠난 이후에도 계속 아름답게 유지되기를 간절히 바랍니다.

국내외에 100개의 호스피스 프로그램을 세우고 협력하는 호스피스 씨앗운동과 호스피스 대학을 건립하는 일은 제가 늘 꿈꾸던 일인데 호스피스 동역자들이 그 비전을 계속 이어간다면 제가 천국에서 매우 기뻐할 것입니다.

5. 나 자신에 대하여

1) 임종 전 주의사항
- 본인의 혈액형은 RH-A형이므로 수혈 시 주의해 주세요.
- 본인이 의학적 소생이 불가능한 식물인간일 때 기계적인 생명 연장 수단을 강구하지 말아 주십시오. 단, 통증조절이나 평안한 임종을 맞이하기 위한 제반 조치를 취해 주셔서 위엄 있는 죽음을 맞이할 수 있도록 도와주시기 바랍니다.

2) 천국환송예배로 드려주세요
임종 후 6시간 안에 국립장기기증센터(114 문의)에 안구를 기증해 주십시오. 그리고 가까운 가족, 친지, 교우들이 모일 수 있는 적당한 시간에 평상시 입던 옷을 입혀 천국환송예배를 한 번 드리고 시신은 중앙대학교 의과대학 해부학교실에 바로 기증해 주십시오. 1년 정도 연구 후 화장을 하여 유골은 샘물 경내에 뿌려주시면 고맙겠습니다.

천국환송예배는 샘물에서 드려주시고, 모든 예배 진행은 샘물 이사회에서 가족들과 의논하여 해주십시오. 샘물 자원봉사자들이 천국환송예배 시 특송(찬송 "내 구주 예수를 더욱 사랑", "나 가나안 복지 귀한 성에", "보아라 즐거운 우리집", "저 높은 곳을 향하여" 중에서)을 해주시면 좋겠습니다. 특별히 부의금은 받지 않도록 해주시고, 오신 분들에게 간단한 다과를 마련하여 대접해 주십시오. 저의 죽음을 여러 사람들에게 알려 번거롭게 해드리지 않기를 바랍니다.

가능하면 제가 임종이 가까울 때 의식이 있는 상태에서 가족, 교우, 친지, 호스피스 동역자들과 함께 제가 좋아하는 찬양을 부르면서 밝은 음악회로 천국환송예배를 드리기 원합니다. 그런 기회가 주어졌을 경우 임종 후에는 천국환송예배 없이 임종기도 후 바로 시신 및 장기를 기증하는 것으로 끝내 주시면 고맙겠습니다.

추모예배는 1년 되는 날에 가족들이 모여 하나님께 예배드리고 그 후에는 명절 때 하나님께 예배드리는 것으로 대신해 주십시오.

3) 기억해 주세요

저는 "절망적인 죽음 앞에 있는 이들을 하나님의 사랑으로 행복하게 해주던 사람"으로 기억되기를 원합니다.

4) 처리해 주세요

- 사망신고 : 30일 이내 면사무소(사망진단서 첨부)
- 장례비 신청 및 의료보험증 반납 : 동사무소 사망신고 후 샘물호스피스선교회 사무실에 반납(사망진단서 첨부)
- 각종 보험금 신청 : 호적에 사망 정리가 된 후 사망진단서 첨부하여 각 보험사에 신청
- 국민연금 신청 : 호적에 사망 정리가 된 후 사망진단서 첨부하여 국민연금공단에 신청
- 각종 카드 정지 : 사망 후 즉시
- 은행 잔고 회수 및 명의 변경 : 사망 후 즉시
- 자동차 명의와 보험 변경 : 사망 후 즉시
- 원주희와 아내(한광숙)가 함께 천국으로 이사 갔을 경우 종호-종은, 재홍-종민이가 의논하여 정리
- 원주희 가족 모두가 천국으로 이사 갔을 경우 샘물호스피스 이사회원들이 의논하여 정리(이 경우 원주희의 모든 재산은 샘물에 헌납)

첨부 : 목록(1) 샘물호스피스선교회 재산 목록
　　　　목록(2) 원주희 가족 개인 재산 목록

※ 이 유언 내용은 원주희 사망 즉시 효력이 발생합니다.

2012년 10월 31일

유언인　원 주 희 (인)

유언장 관리

나는 유언장을 컴퓨터 바탕화면에 저장해 두고 상황이나 소유물이 달라질 때마다 수정하며, 하나님과 가족, 이웃, 소유물, 일, 나 자신과의 관계를 정리하는 내용을 담는다. 그리고 어디든 떠날 때마다 가족들에게 다시 돌아오지 못하면 그걸 꼭 보라고 이야기하고 출발한다.

최근에는 맹장염 수술을 받으면서 처음으로 전신마취를 경험했다. 전신마취 후 못 깨어나는 경우도 있다는 얘기를 들었기에 아내에게 이런 말을 남겼다.

"내가 못 나오면 유언장 잘 정리해 두었으니까 처리 잘해요. 천국에서 봅시다."

그러고는 손을 흔들면서 수술실로 들어갔다. 죽음도 그렇게 미련 없이 웃으면서 담대히 가는 것이다.

함께 쓰는 유언장

 죽음에는 순서가 없다. 내가 먼저 죽을지, 아내가 먼저 죽을지 아무도 모른다. 오직 하나님만 아신다. 내가 유언장을 작성해 아내에게 보여주자 아내도 바로 유언장을 쓰기 시작했다.
 "저의 남편은 집을 나설 때마다 가족들에게 오늘 못 들어와도 천국에서 만나자고 하며 출근하십니다. 호스피스 사역을 하면서 여러 가지로 힘에 부쳐서 주님을 높여 드리지 못한 일들이 너무 많았습니다. 이제 모든 짐을 내려놓고 주님 품에 안기게 됩니다. 부족한 죄인을 따스한 손길로 받아 주실 줄 믿고 제 유언장을 작성합니다."
 이렇게 시작된 아내의 유언장은 하나님과의 관계를 먼저 밝혔다. "제 삶을 접고 하나님께 갑니다." 그리고 남편, 딸 종은이와 종민이, 사위들, 손주들의 이름을 일일이 부르며 유언을 적어 내려갔다. 그리고 남편의 입는 것과 먹는 것을 딸들에게 부탁한 뒤 모든 이에게 용서와 감사의 인사를 전하며 유언장을 마무리했다.

큰딸 종은이는 장기와 시신 기증으로 시작해 구체적으로 상세히 유언장을 작성했다.

"본인 사망 시, 쓸 수 있는 모든 장기와 안구는 기증하고, 나머지 시신도 이화여자대학병원이나 기타 여건이 되는 병원에 기증한 후, 추후에 병원에서 알아서 정리하도록 해주세요. 화장 후 남은 유골 등을 수목장을 하거나 보관하는 모든 의식은 행하지 말아주세요. 이 세상에 제 신체의 남는 부분이 아예 없도록, 그것으로 인한 의식 행위를 하지 않도록 깨끗이 처리해 주시기 원합니다."

이어 사랑하는 남편, 아들 정원이와 승원이, 아빠와 엄마, 동생 종민이, 친구 지윤이, 밀알학교 선생님과 아이들에게 남기는 작별 인사를 정연하게 적은 뒤 이렇게 마무리했다.

"나 '원종은'은 이 땅에서 하나님의 충실한 일꾼으로 매순간 최선을 다해 열정적으로 살다가 하나님 곁으로 간 사람으로 기억되고 싶습니다."

둘째 종민이는 딸 하은이와의 가슴 저미는 대화를 유언장에 담았다.

얼마 전 다섯 살 난 딸아이가 갑자기 저에게 말합니다.
"엄마, 죽지 마요. 천국도 가지 말고 하은이랑 계속 같이 살아요."
딸아이는 동화책『헨젤과 그레텔』을 보고 그런 말을 한 것입니다. 엄마가 죽고 새엄마가 와서 아이들을 괴롭히다가 숲속에 버리고 오는 바람에 아이들이 과자로 만든 마녀 집에서 위험에 처한다는 것이 헨젤과 그레텔의 줄거리입니다.

딸아이는 제가 죽으면 새엄마가 와서 자기를 미워하고 숲 속에 버릴 것이라고 생각해서 죽지 말고 오래오래 하은이랑 같이 살자는 것이었습니다.

참으로 순수하고 아이다운 생각에 저는 빙긋이 미소를 지었지만 그래도 딸아이가 원하는 대답을 해줄 수는 없었습니다.

"하은아, 엄마도 하은이랑 오래도록 함께 살고 싶지만 그건 엄마 마음대로 되는 것이 아니야. 어른들도 아이들도 언제 죽을지는 모른단다. 그건 하나님만 아셔. 엄마가 먼저 죽을 수도 있고 하은이가 먼저 죽을 수도 있고. 그리고 엄마가 죽더라도 새엄마가 올지 안 올지는 몰라. 새엄마가 온다 해도 동화책에 나오는 나쁜 새엄마는 아닐 테니 걱정하지 마. 사람은 누구나 살다가 한 번은 죽게 되지만 우리처럼 예수님을 믿는 사람들은 천국에 들어가서 더 좋은 곳에서 영원히 살게 될 거야. 그러니까 엄마가 죽더라도 우린 천국에서 다시 만나서 영원히 함께 살 거니까 너무 슬퍼하지 말고 씩씩하게 지내야 해."

딸아이는 알아듣는지 못 알아듣는지 그냥 고개만 끄덕입니다.

"그럼 천국 가면 하은이 이층침대도 가져갈 거지? 꼬마토끼는? 장난감은?"

딸아이는 벌써부터 애착하는 물건들을 천국에 가져갈 수 있을지 없을지 걱정인가 봅니다.

종민이도 내 유언장 형식을 따라 유언장을 작성했다. 특히 엄마에게는 사랑하는 딸의 마음을 다 쏟아 담은 듯, 아이들에게는 엄마의 마음을 쏟아 담은 듯 애절하게 부르며 유언을 적었다.

"엄마, 아……, 엄마!

이름만 불러도 눈물부터 왈칵 쏟아질 것만 같은 우리 엄마.

엄마, 미안해요. 자식인 제가 엄마보다 먼저 가서 엄마 마음 아프게 해드려서 미안해요."

"하은아! 우리 가정의 소중한 첫 선물……."

"아가야, 하진아! 우리 하진이 아직도 아가인데……."

* * *

나이가 젊은 사람도 병이나 사고로 죽을 수 있다. 나는 젊은 사람이 떠나는 것을 여러 번 보면서 중학생이던 우리 아이들에게 이렇게 말한 적이 있다.

"너희가 우리보다 먼저 갈 수 있다는 거 알지? 너희도 유언장을 써 보는 게 어때?"

이런 내 권유에 따라 우리 딸들은 중학교 때부터 유언장을 쓰고 다듬기 시작했다.

큰딸이 결혼식을 마치고 태국으로 신혼여행을 가려고 할 때였다. 마침 태국으로 신혼여행을 간 다른 신혼부부가 사고로 변을 당했다는 뉴스를 접했다. 나는 딸에게 유언장을 잘 정리해 두고 가라고 당부했다.

신혼여행을 출발하는 딸에게 유언장이라니……. 기분 나빠할 수도 있었겠지만 이런 당부를 들은 우리 딸은 오히려 여유 있게 웃으면서 대답했다.

"아빠, 걱정 마세요. 이미 정리해 둔 걸요."

이렇게 우리 가족처럼 여행을 가든지, 입원을 하든지 잠시라도 집을 떠날 일이 생기면 반드시 유언장을 다시 정리해 두고 떠나는 것을 습관화하는 것이 바로 죽음을 준비하는 첫걸음이다.

아름다운 마지막 여행

해가 질 때면 서편 하늘에 노을이 지듯이 인생에도 죽음이 가까워오면 노을이 진다. 노을은 해가 질 때뿐만 아니라 해가 뜰 때도 나타난다. 아침노을이 지면 비가 오고, 저녁노을이 지면 날이 갠다.

내일 비가 올지, 아니면 갤지……. 일기예보라는 게 따로 없던 시절, 옛사람들은 경험에 의존해 스스로 일기를 예보해 왔다. 관절이 쑤시면 비가 온다, 아침에 안개가 끼면 날씨가 갠다, 소리가 가까이 들리면 비가 온다…….

사람은 태어나서 사망에 이르기까지 "일생"이라는 일련의 과정을 거친다. 이렇게 살아가는 과정에서도 사전에 징후가 나타나는 경우가 많다.

아기는 태어나서 뒤집기, 기어 다니기, 일어나 앉기, 일어서기, 걷기 등 한 가지씩 배울 때마다 낌새를 보인다. 이유 없이 한 번 아프고 나면 변화된 모습이 하나 보인다. 한 번 아프고 나면 뒤집고, 또 한 번 아프고 나면 기어 다니고, 또 한 번 아프고 나면 일어나 앉고……. 학교에 다니는 아이가 갑자기 불안정한 심리를 보인다. 짜증이 늘어난다. 말수가 줄어든다. 목소리가 변한다. 자신의 신체 노출을 꺼린다. 맞다, 사춘기다.

인생의 저녁노을은 마지막 길, 죽음의 징후를 가리킨다. 인생이 저물어 갈 때면 노을이 나타나 죽음의 소식을 미리 알린다. 암에 걸린 사람이 말기에 이르면 더욱 뚜렷해진다. 기력이 모두 쇠진하고 온몸에 통증이 심해지면 정신적으로도 불안해지고 두려움이 엄습한다.

샘물호스피스에는 이처럼 죽음의 징후가 뚜렷한 말기 암 환우들이 입원해 있다. 그분들은 대부분 죽음을 끝이라 생각하고 삶을 포기하는 것이 아니라 삶의 한 과정으로 받아들인다. 의연히 삶을 마무리하고 죽음 이후의 아름다운 여행을 준비한다.

2003년 샘물에서 폐암으로 하늘나라로 이사하신 이헌택 님의 아내 이정애 씨는 죽음 준비를 잘 마친 남편을 아름답게 떠나보냈다.

샘물호스피스 15일째.
사랑하는 그이가 하늘나라로 이사 갔다. 아름답게……, 평온하게…….
오늘 새벽녘, 그이가 식은땀에 몸이 젖은 채 잠에 빠져 있다. 갑자기 눈물이 솟아 땀을 닦아주고 깨운 뒤, 속옷을 갈아입자고 하니 벌떡 일어나 자기 손으로 갈아입고 다시 눕는다.

"여보, 많이 사랑해!"

"나도 사랑해. 난, 못난인데……."

눈물이 쏟아진다. 안 되겠다 싶어 우유에 선식을 탔다.

"여보, 이것 조금만 먹자."

그이는 힘겹게 자기 손으로 선식을 먹고 약까지 먹는다.

오후 3시가 지나자 불안해서 아이들을 불렀다. 5시쯤 기쁨이가 달려왔다.

"아빠, 사랑해. 난 아빠 편인 거 알지?"

"그럼……, 나도 기쁨이 편이야."

오후 5시가 지나자 임마누엘실로 옮겼다. 그이의 천국환송을 위해 샘물에서 배려한 것이다. 임마누엘실은 크고 밝은 1인실이다. 온 가족이 모여 그이와 마지막을 보내기에 좋은 방이다. 의사 선생님과 간호사님의 따뜻한 위로가 느껴진다. 선생님이 마음의 준비를 하라고 당부하신다. 그이는 계속 눈을 감고 있지만 말은 다 한다. 땀은 계속 흐르고……. 그런데 하나도 아픈 곳이 없는 듯 편안해 보인다. 설이가 왔다니까 눈을 조금 뜬다.

"우리 예쁜 딸…… 왔어?"

"응! 우리 아빠도 잘생겼어. 나는 아빠를 꼭 닮았잖아."

그이가 웃는다.

오후 7시 30분. 샘물 예배시간이다. 예배 장면이 모니터로 중계되면서 원주희 목사님의 설교가 들리자 눈을 크게 뜬다.

"원 목사님 오셨어."

고개를 끄덕거린다. 그이는 계속 잠 속에 있으면서도 다 듣고 반응한다. 봉사자가 그이에게 말을 건다.

"이헌택 님, 힘내세요!"

"고마워요……."

힘겨운 한마디와 함께 그이는 미소를 짓는다.

오후 8시 15분. 마지막 찬양이 울려 퍼지고, 목사님께서 그이가 주님의 품에 평안히 안긴 것을 감사드리는 기도를 하신다.

그렇게 그이는 마지막 숨을 내쉬고 소천받았다. 목사님의 기도 소리를 들으면서, 모든 환우와 가족, 봉사자들의 환송 찬송을 들으면서, 고통 없이 하늘나라로 이사 가는 그이를 위해 하나님께 드리는 나의 감사 기도 소리를 들으면서, 아이들과 가족들의 사랑한다는 소릴 들으면서…….

"복음적인 죽음관"은 "긍정적인 죽음관"을 초월한다. 긍정적인 죽음관은 죽음을 실패가 아니라 누구나 거쳐야 하는 과정이라고 생각하고 편안하게 죽음을 맞이하는 것이다. 하지만 복음적인 죽음관을 지닌 사람은 죽음 이후의 세계에 확신을 갖고 삶을 잘 마무리한 뒤 기쁨으로 출발할 수 있게 된다.

 정신적으로 흔들리는 환우들은 가족과 봉사자들이 신앙적으로 든든하게 지지해 주면 잘 견뎌낸다. 일반적으로 말기 암 환우들이 겪는 통증은 의료진들의 적극적인 관찰과 처방으로 거의 완벽하게 완화된다.

 그래서 샘물에서 지낸 환우들은 죽음 관련 학자들이 말하는 죽음의 보편적인 다섯 가지 단계 즉, 부정과 고립, 분노, 타협, 우울, 수용 단계를 초월해 평안하고 행복한 상태로 생을 마감하고 행복하고 평화롭게 여행을 떠난다. 복음적인 죽음관을 갖게 됐기 때문이다.

두려움 없는
마지막을 준비하며

샘물호스피스에서 출간하는 월간 소식지 "샘물호스피스"에는 매달 기도 제목이 실린다.

오은선(여, 59세, 담관암) 혼돈이 심하며 한쪽 눈이 잘 보이지 않아 주로 침상에서 지내십니다. 권사님이시니 천국 소망 안에서 승리하도록 기도해 주십시오.

김정연(여, 56세, 바터팽대부암) 입 마름이 심하고 전반적으로 허약하지만 영락홀에 나오셔서 예배를 드리십니다. 끝까지 믿음 안에서 승리하시도록 기도해 주십시오.

최규성(남, 56세, 직장암) 통증이 너무 심하셨는데 잘 조절되어 감사하다고 하십니다. 안수집사님이시니 주님 손잡고 끝까지 승리하시도록 기도해 주십시오.

김민정(여, 45세, 자궁경부암) 다리에 부종이 심해 거동이 어렵고 식사를 잘 못하십니다. 전도사님이시니 믿음 안에서 승리하시도록 기도해 주십시오.

목사님, 전도사님, 장로님, 권사님, 안수집사님 등 교회에서 직분을 가진 분들에게도 기도가 필요하다는 것을 알 수 있다.
"천국 소망 안에서 승리하도록", "끝까지 믿음 안에서 승리하시도록", "주님 손잡고 끝까지 승리하시도록"…….
이처럼 흔들리지 않고 끝까지 승리하길 바라는 내용이 가장 많다. 설령 흔들린다 해도, 그래도, 주님은 잡아 주시리라!

그래도　　　　　＿송명희(시인)

네가 나를 떠나가도
그래도
나는 너를 떠나지 아니하며

네가 나를 버려도

그래도

나는 너를 버리지 아니하리라

네가 나를 사랑하지 않아도

그래도

나는 너를 사랑하며

네가 지은 죄 많으나

그래도

나는 너를 용서하리라

네가 천하고 미련하나

그래도

나는 너를 받으리라

_『공평하신 하나님』(드림북)

샘물에서는 환우가 들어오면 믿음이 있는 사람들에겐 신앙을 정리해 주고, 믿음이 없는 사람에겐 예수님을 영접하게 한다. 입실 환우 가운데 60% 정도는 기독교인이고 40%는 비기독교인이다.

하지만 60%를 차지하는 기독교인 중에도 믿음이 흔들리는 사람이 많다. 흔들리는 것 자체는 문제가 아니다. 누구나 죽음 앞에서는 흔들릴 수 있기 때문이다. 다만 그렇게 흔들릴 때 누군가가 곁에서 신앙으로 정리해 주고 지지하며 도와줘야 한다.

나는 샘물에서 예배를 드릴 때 죽음을 준비해야 한다는 내용의 설교를 많이 하는 편이다. 그런 내 설교에 끝까지 불만을 품고 있던 부부가 있었다. 그러나 아내가 떠난 뒤에 남편이 이렇게 고백했다.

"처음에는 죽음을 준비하라는 목사님의 설교가 정말 마음에 들지 않았는데 이제는 이해가 됩니다. 사랑하는 아내를 천국으로 잘 떠나보냈습니다. 그리고 이제 천국에서 다시 만날 거라는 소망을 갖게 됐습니다."

죽음 직전에 작별 인사를 하고 준비하는 것은 자연스럽고 보편적인 일이다. 그럼에도 죽음 준비라는 말이 이슈화되는 현실이 안타깝기만 하다.

샘물에서 근무하던 어떤 간호사는 준비를 잘 끝내고 마지막까지 승리하신 한성태 님의 임종을 도우며 울어버렸다고 한다.

말기 암이라는 진단이 확실해지자 한성태 님은 짧은 투병 기간에 곧 다가올 죽음을 받아들이시고 잘 준비하셨다. 호흡곤란으로 힘들어하실 때면 댁에서 가까운 샘물에 오셔서 증상을 조절하셨다. 아무리 사소

한 도움에도 미소 띤 얼굴에 부드러운 목소리로 고마움을 표하셨다.

"고마워!"

어느 볕 좋은 가을날 오후. 그분은 산소마스크를 하신 채 꿈에서 만난 예수님 이야기를 하셨다. 말로 다 설명할 수 없는 고약한 불면증이 예수님을 뵙고 난 후 해결되셨다며 소년처럼 웃는 얼굴로 내게 고백하셨다.

그때 나는 울 수밖에 없었다. 작은 신음에도 응답하시는 예수님이 좋아서 울었고, 그런 체험을 하신 한성태 님이 부러워서 울었고, 병실을 부드럽게 물들이며 사그라져가는 가을볕이 아름다워서 울었다.

뵐 때마다 겉모습은 조금씩 나빠져 갔지만 그분의 속 모습은 나날이 단단해져갔다. 더욱더 부드럽고 평안해지셨다. 나는 그것이 하나님께서 그분에게 베푸신 특별한 은총이라고 생각한다.

성경은 죽음 준비를 강조하고 있다. 예수님은 이 땅에서 33년간 사시면서 자신의 죽음을 철저하게 준비하셨다. 자신이 십자가에 죽으실 것을 아시고 죽음을 준비하는 삶을 친히 본보기로 보이셨다. 예수님도 베드로, 요한, 야고보와 함께 겟세마네에서 죽음을 준비하셨다. 예수님은 얼떨결에 죽음을 맞이하신 것이 아니라 준비된 마음으로 죽음을 맞이하셨다.

예수님도 잠시 동안 죽음을 피하시고자 하는 모습을 보이셨지만 마지막에는 이 땅을 떠나는 것이 하나님의 뜻이라면 그 뜻에 순종하겠다는 단호한 태도를 취하며 죽음 앞에서 당당하셨다.

그리고 하나님나라 백성들에게 언제든지 이 세상을 떠날 준비를 하도록 가르치셨다. 이 세상을 떠나고 난 뒤에도 자신이 하던 일을 계속 이어갈 사람들을 모아 훈련시키고, 남은 가족들의 살길을 마련해 주는 등 조금도 빈틈이 없으셨다.

호스피스 활동의 가장 중요한 목적은 죽음에 임박한 환우들에게 인간의 존엄성을 최대한 잘 유지할 수 있는 환경을 제공하는 것이다. 만약 환우들이 불편한 환경에서 통증을 겪으며 두려운 마음으로 떠난다면 본인은 물론이지만 남은 가족들이 얼마나 슬플까.

샘물은 환우들이 자기 집처럼 익숙하고 편안한 환경에서 사랑하는 가족들과 행복하게 마지막 시간을 보낼 수 있는 환경을 제공하고 있다. 그래서 "샘물호스피스"는 편한 내 집 같은 기능을 한다. 그리고 마지막까지 수시로 환우들을 괴롭히는 통증이나 고통스러운 증상 변화에 즉시 대처할 수 있는 전문적인 병원 기능도 한다. 그렇기 때문에 내 집 같은 편안한 환경에서 고통 없이 사랑하는 가족들과 함께 정답게 지내다 기쁨의 작별을 할 수 있다.

죽음을 눈앞에 둔 환우나 그 가족들은 필연적으로 죽음의 두려움에 시달리게 된다. 죽으면 모든 것이 끝이라는 두려움, 한 번도 경험해 보지 못한 죽음 이후에 대한 두려움, 남겨진 가족들의 삶에 대한 두려움이 있으면 설령 통증이 잘 조절된다 하더라도 행복하게 지내지 못한다. 그리고 그때부터 삶의 질은 현저히 떨어진다.

이런 두려움은 어떤 약으로도, 어떤 방법으로도 해결할 수 없다. 오직 한 가지, 하나님을 의지하는 방법밖에 없다. 하나님을 의지하면 죽음이 끝이라는 절망이 죽음 이후 더 좋은 천국에서 살아간다는 소망으로 바뀌게 된다.

이런 두려움 없는 죽음, 준비된 죽음의 길은 누구에게나 열려 있다. 하나님을 의지하고 천국의 소망을 가진 자라면 누구든지 "사랑한다", "다시 만나자"는 작별인사를 나누며 웃음 띤 얼굴로 행복하게 떠날 수 있다. 예수님처럼 죽음 앞에서 당당할 수 있다.

유언장 기본 양식

죽음을 준비하려는 사람들에게 가장 중요하면서도 접근하기 쉬운 방법이 바로 유언장 쓰기다. 여러 사람의 유언장을 참고하여 후세 사람들에게 어떤 사람으로 기억되길 바라는지를 정리해 놓는다면, 어느새 그런 사람으로 살아가고 있는 나 자신을 보게 될 것이다. 곧 유언장 쓰기는 죽음을 준비하는 과정이자 삶에 대한 새로운 다짐이다.

유언장의 특징은 반드시 작성자가 사망한 이후에 효력이 발생한다는 것이다. 유언장이 법적 효력을 인정받으려면 민법 제1065-1072조에서 명시한 작성 방식을 엄격히 따라야 하지만 양식에는 특별한 규정이 없다.

유언장 구성요소

1) 유언자 이름
2) 유언자 주민등록번호(동명이인을 구분한다.)
3) 유언 날짜(최종 날짜가 효력이 있다.)
4) 유언자 서명
5) 증인 2명(배우자나 직계 혈족, 미성년자, 정신질환자, 또는 유언에 의해 이익을 받는 자 등은 증인이 되지 못한다. 증인 중 1명은 유언집행관리자로 세운다.)

기술 방식

유언장은 기술 방식에 따라 5가지로 나뉜다. 자필증서 유언(유언자 자신이 직접 유언을 작성하는 형식), 녹음 유언(녹음기를 이용하여 유언하는 형식), 비밀증서 유언(유언자가 살아 있는 동안에는 공개하고 싶지 않은 유언으로, 유언장을 작성하여 법원에서 확정도장을 받아두면 법원에서 공개되어야 효력이 발생하는 유언), 공정증서 유언(변호사의 도움을 받아 작성하는 유언 형식), 구수증서 유언(유언자가 말로 유언을 하고 타인이 받아쓴 뒤 유언자의 사인을 받아두는 유언 형식)으로 분류하고 있다.

에필로그_ "축제"

1996년에 개봉한 임권택 감독, 안성기 주연의 영화 "축제"(祝祭, Festival)를 보면 제목과 어울리지 않게도 전통 장례식 모습이 담겨 있다. 영화는 어느 할머니의 임종과 입관, 발인, 운구, 하관, 매장을 거치는 장례식에서 얽히고설킨 가족들의 갈등이 드러나고 수습되는 과정을 담았다. 장례식이란 단순히 죽은 사람을 땅에 묻는 것이 아니라 산 자들의 묵은 감정이 해소되는, 그리하여 화합의 새 출발이 되는 자리라는 것을 보여주고 있다.

장례가 모두 끝나고 상복을 입은 채로 카메라 앞에 서는 것으로 영화는 막을 내린다. 그때 곁에 있던 상두꾼이 한마디 거든다.

"무슨 초상났냐? 웃어라, 웃어!"

나는 샘물호스피스를 거쳐 가는 모든 사람을 웃게 만들고 싶다. 떠나는 분도 웃으면서 떠나고 남은 기러기 가족들도 웃을 수 있는 행복한 호스피스로 만들고 싶다. 복음 안에서 천국으로 떠날 희망을 갖게 되면 웃으며 떠날 수 있고 웃으며 보낼 수 있기 때문이다.

죽음을 당하지 않고 준비해서 맞이하는 것은 선택이 아니라 필수다. 해도 되고 하지 않아도 되는 게 아니라 반드시 해야 하는 일이다. 복음

안에서 죽음을 준비한다는 것은 죽음학에서 말하는 "마음을 다스려 수용한다"는 개념이 아니다. 죽음이라는 과정을 통과해 천국으로 여행을 떠나 주님 품에 안기기 위한 준비를 말한다. 죽음을 잘 준비한 삶이 마지막까지 우리 삶을 더욱 아름답게 만들 것이다.

한 사람이 이렇게 준비를 끝내고 기쁨으로 떠나면 남은 가족도 기쁨으로 보낸 뒤 그를 그리워하며 천국에서 다시 만날 날을 기다릴 수 있다. 행복한 마음으로 웃으면서…….

2012년 겨울
고안리 서재에서 원주희

사명선언문

너희가 흠이 없고 순전하여……세상에서 그들 가운데 빛들로
나타내며 생명의 말씀을 밝혀 _ 빌 2:15-16

1. 생명을 담겠습니다
만드는 책에 주님 주신 생명을 담겠습니다.
그 책으로 복음을 선포하겠습니다.

2. 말씀을 밝히겠습니다
생명의 근본은 말씀입니다.
말씀을 밝혀 성도와 교회의 성장을 돕겠습니다.

3. 빛이 되겠습니다
시대와 영혼의 어두움을 밝혀 주님 앞으로 이끄는
빛이 되는 책을 만들겠습니다.

4. 순전히 행하겠습니다
책을 만들고 전하는 일과 경영하는 일에 부끄러움이 없는
정직함으로 행하겠습니다.

5. 끝까지 전파하겠습니다
모든 사람에게, 땅 끝까지, 주님 오시는 그날까지
복음을 전하는 사명을 다하겠습니다.

서점 안내

광화문점 서울시 종로구 새문안로 69 구세군회관 1층
02)737-2288 / 02)737-4623(F)

강남점 서울시 서초구 신반포로 177 반포쇼핑타운 3동 2층
02)595-1211 / 02)595-3549(F)

구로점 서울시 동작구 시흥대로 602, 3층 302호
02)858-8744 / 02)838-0653(F)

노원점 서울시 노원구 동일로 1366 삼봉빌딩 지하 1층
02)938-7979 / 02)3391-6169(F)

일산점 경기도 고양시 일산서구 중앙로 1391 레이크타운 지하 1층
031)916-8787 / 031)916-8788(F)

의정부점 경기도 의정부시 청사로47번길 12 성산타워 3층
031)845-0600 / 031)852-6930(F)

인터넷서점 www.lifebook.co.kr